汉字部首解说

HANZI BUSHOU JIESHUO

魏励　著

商务印书馆国际有限公司
中国·北京

图书在版编目（CIP）数据

汉字部首解说 / 魏励著 .— 北京 ：商务印书馆国际有限公司，2015.6（2024.7 重印）

ISBN 978-7-5176-0134-0

Ⅰ. ①汉…　Ⅱ. ①魏…　Ⅲ. ①汉字—部首—研究　Ⅳ. ①H122

中国版本图书馆 CIP 数据核字（2015）第 078217 号

HANZI BUSHOU JIESHUO

汉字部首解说

著　　者	魏　励
出版发行	商务印书馆国际有限公司
地　　址	北京市朝阳区吉庆里 14 号楼 佳汇国际中心 A 座 12 层
邮　　编	100020
电　　话	010－65592876（编校部） 010－65598498（市场营销部）
网　　址	www.cpi1993.com
印　　刷	三河市紫恒印装有限公司
开　　本	787mm×1092mm　1/32
字　　数	75 千字
印　　张	4.25
版　　次	2024 年 7 月第 1 版第 14 次印刷
书　　号	ISBN 978-7-5176-0134-0
定　　价	14.80 元

目　录

说　明

本书论述了部首查字法的产生和发展，指出了《说文》540 部、《康熙字典》214 部以及今天的 201 部《汉字部首表》规范的成绩和不足，介绍了国家标准 GB 18030－2005《信息技术中文编码字符集》部首序的编排方案，讲解了 201 部首的造字本义以及部中统属字的关系，可供学生和语文教师学习使用，对部首查字法的研究与规范也有参考价值。

古文字字形中的甲骨文、金文选自可信度高的权威拓本，小篆依据北宋校本《说文解字》汲古阁藏版。

讲解字形构造方法时，概括为三种：

①象形，即象实物之形，把客观事物的形体描摹出来，如“山、木、手”为象形字。

②表意，即用抽象的符号或形象的图形来表示某种概念，或者用两个以上的字组合在一起表示新的含义，如“欠、黍、鼓”是表意字。

③形声，即由意符（又称“形旁”）和音符（又称“声旁”）两部分构成一个字，其中意符表示词义范畴，音符表示读音，如“风（風)、齿、鼻”是形声字。

部首举例，优先选取常用字。

部 首 概 述

部首查字法也叫部首检字法、部首排检法，根据汉字字形结构特点设计，反映了汉字的构字规律，历史长久，使用广泛。目前社会上通行的部首查字法很不统一，部首数量或多或少，归部方法不尽相同，新制订的201部首规范有待进一步完善。

一 部首查字法的产生、发展及改革

部首查字法创自东汉许慎《说文解字》（简称《说文》），至今已有约1900年的历史。许慎依据“六书”体系，把9000多个小篆字形分析归纳成540部，每部选出一个字作为部首。《说文》确定部首的原则主要根据字的本义，如“岱”本义为山名，归山部；“松”本义为树名，归木部；“問(问)”本义为以口询问，归口部。一个字同时具有两个以上部首时，也是依据本义选取部首，如“宇”本义为屋边，故归宀部而不归于部；“牢”本义为牛圈，故归牛部而不归宀部；“肝”本义为内脏之一，故归月(肉)部而不归干部；“胖”本义为古代用于祭祀的半只的牛、羊、猪等，故归半部而不归月(肉)部。部首次序主要依据意义相近和形体相似这两条原则来安排，如“三、王、玉、珏”“走、止、癶、步、此、正、是、辵、彳、廴、行”“瞿、雔、雥、鸟、乌”“五、六、七、九”等部相次，“甲、乙、丙、丁、戊、己、庚、辛、壬、癸、子、丑、寅、卯、辰、巳、午、未、申、酉、戌、亥”等22

个天干地支用字则集中排列在最后。部首统属字次序往往是把意义相近的排列在一起，如木部前面的“桃、杨、柳、榆”等100多字都是树木名称，水部前面的“洛、汾、湘、淮”等100多字都是河水名称。但这种“以类相从，不相杂厕”的部首或部首统属字只占一部分，相当多的部首或部首统属字在次序上看不出什么条理。

《说文》部首查字法有首创之功，同时不可避免地存在一些缺陷。其不足主要表现在三个方面：(1)部首数量太多，不容易学习和记忆。某些部首没有统属的字，实无设立的必要，如“能、易、冉、它、才、久、五、六、七”。(2)根据本义确定部首，位置变化无定，不易把握。当不清楚本义时，往往无法准确判断部首。(3)部首和部首统属字的排列规律难以掌握，大多数部首和部首统属字没有一定次序。古人批评说：“偏旁奥密，不可意知；寻求一字，往往终卷。”

《说文》部首查字法虽然不完善，但它利用汉字造字规律和偏旁特征编排定序，符合汉字形体结构的特点，因而具有强大的生命力。后世的许多字书，如晋代吕忱《字林》、南朝梁顾野王《玉篇》、宋代司马光《类篇》、辽僧行均《龙龛手鉴》、金人韩孝彦《四声篇海》都采用了这种方法，并进行了不同程度的改进。

明代梅膺祚《字汇》设部首214个，开始依据字形结构特点来确定部首，如“密”的本义为“山如堂者”，《说文》归山部，《字汇》改归宀部；“颖”的本义为禾苗的尖梢，《说文》归禾部，《字汇》改归页部。不采用据义定部而改按据形定部，强调了某字归某部在字形方面的客观依据，避免了主观判断的任意性所造成的归部歧异现象。但是，《字汇》的改革并不彻底，如“牢”仍据本义归牛部,“問(问)”仍据本义归口部。在部首和部首统属字的次序方面,《字汇》按笔画数编排定序,无论部首还是部首统属的字,都是笔画少的在前,笔画多的在后。《字汇》完成了部首查字法的第一次重大改革,奠定了 214 部查字法的基础。

明代张自烈《正字通》、清代张玉书等《康熙字典》和民国时期编辑出版的《中华大字典》基本承袭了《字汇》的 214 部首,部首和部首统属字的次序也是按笔画多少排列。

《康熙字典》为钦定官修,地位特殊,对近现代语文辞书影响很大。《康熙字典》在部首的确定方面,抛弃了《字汇》据形定部的合理因素,改以《说文》为依据,以求“义有指归,不失古人制字之意”,这是一种退步。其不足之处还表现在:(1)有的部首设立不合理,如亅、二等部首收字很少;有的部首字形相近,不易分别,如匚与匸,日与曰,月(收“朗”“朝”等)与肉(收“胖”“脚”等)。(2)有些字的归部难以掌握,如“丹”归丶部,“年”归干部,“奉”归大部,“哀”归口部,“弟”归弓部,“州”归巛部,“民”归氏部,“斑”归文部,“騰(腾)”归馬(马)部。(3)各部中笔画数相同的字顺序杂乱,不易查检。

针对旧部首查字法存在的诸多问题,自清末以来就有人提出批评,并探讨各种各样的改革方法。但由于传统习惯的根深蒂固,始终未能动摇以《康熙字典》为代表的 214 部首查字法的垄断地位。

二　部首查字法的统一与 201 部首规范的制订

20 世纪中叶,不断有人撰写文章呼吁改革旧部首查字法,国家有关部门也很重视这一工作。1961 年文化部、教育部、中国文字改革委员会、中国科学院语言研究所曾邀请有关专家对汉字查字法问题进行研究和讨论，上海语文学会和中华书局辞海编辑所也联合举行了座谈会。特别是1961年11月至1965年，由文化部、教育部、中国文字改革委员会、中国科学院语言研究所共同组织了汉字查字法工作组。经过4年多的工作，最后制定了包括《部首查字法》（草案）在内的4种汉字查字法方案。《部首查字法》（草案）未能作为标准公布推行，只有1979年版的《辞海》采用了这个方案，但也做了个别修改。

确定部首的原则和方法，部首和部首统属字次序的排列，是部首查字法需要探讨的主要问题。《说文》基本依据字的本义确定部首，可是字义往往难以捉摸，不像字形那样一目了然。甲骨文、金文、小篆发展到今天的楷书，汉字形体结构经历多次变化，许多形声字的意符和音符已很难辨别；加之随着语言词汇的发展，许多字的本义或者失去或者变化了，如果要求完全依据本义来定部，几乎是做不到的。尤其是部首数量大大减少以后，“据义定部”的方法更加难以掌握，于是大家开始探讨“据形定部”。《辞海》在部首查字法的查字说明中明确规定：“依据字形定部。”依据汉字的形体结构特征确定部首，要比依据意符所在位置确定部首容易操作，《辞海》的做法无疑是合适的。也有人主张既考虑字形，又考虑字义，二者兼顾。这种方法表面上既为不熟悉旧部首法的广大群众着想，又照顾到常用旧部首法的老年知识分子的习惯，似乎比较稳妥，实际上根本行不通。“据形定部”和“据义定部”是矛盾的，倘若某些字据形定部（如“间”归门部，“家”归宀部，“渔”归氵部），某些字又据义定部(如"问"归口部,"字"归子部,"酒"归酉部),不但自乱其例,而且会令人无所适从。由于没有一个规范或标准,各种汉语辞书使用的部首查字法差异很大,部首数量不一,确定部首及归部的原则和方法、部首和部首统属字的排列次序等各行其是。

为了统一部首查字法,中国文字改革委员会于1983年6月在北京主持召开了"汉字部首排检法座谈会",文化部出版局、中国社会科学院语言研究所、商务印书馆、上海辞书出版社、汉语大字典编纂处、汉语大词典编纂处等12个单位的代表参加了会议。会上对部首查字法的有关问题进行了探讨,并成立了部首排检法工作组继续深入研究,最后提出了《汉字统一部首表》(草案)。这个方案设立201个部首,随后由中国文字改革委员会和国家出版局联合发布。

201部首表发布以后,在汉字标准、辞书编纂、图书检索等方面得到了广泛应用。在使用过程中,发现原草案有一些不完善之处:(1)个别部首的顺序欠妥。如寸部应移至大部之前,小部应移至广、门、弓、女等部之前,老部应移至耳部之前。(2)个别主部首①之后列出的附形部首②不全。(3)没有对提取部首和归部的方法做出说明。1998年《汉字统一部首表》标准研制组对草案做了两点修订:一是依据《现代汉语通用字笔顺规范》对个别部首的顺序进行了调整;二是在个别主部首之后增加了附形部首。但是,提取部首和归部的原则方法仍然没有解决。

---

① 主部首:有不同写法的部首中具有代表性的书写形式。

② 附形部首:附属于主部首的书写形式,有繁体(如"門、貝、馬")、变形(如"刂、氵、辵")和从属(如"八、曰、臼")三种。

201部首表草案只规定了部首内容、数量和次序，没有规定具体字的归部方法。为了便于查检，《新华字典》（第10版，商务印书馆2004年）、《现代汉语词典》（第5版，商务印书馆2005年）的部首检字表对201部个别部首的顺序做了调整，增加了几个附形部首。《新华多功能字典》（商务印书馆2005年）的部首检字表依据201部首表草案略做调整，把某些主部首与附形部首分列。

另外，上述三部字词典对归部有分歧的字采用“多开门”的办法，分别归入几个不同的部首内。如：“九”归丿部，又归乙部；“丰”归一部，又归丨部；“古”归十部，又归口部；“则”归刂部，又归贝部；“军”归冖部，又归车部；“元”归一部，又归儿部；“处”归丿部，又归夂部和卜部；“耀”归小部，又归羽部和隹部；“疑”归丿部，又归匕部、矢部和疋部等。多开门的部首往往比较随意。同样是采用多开门的字词典，哪个字多开门，哪个字不多开门？某个字开哪个门，不开哪个门？处理方法也有不同。如《新华字典》中，“毒”归一部和毋部，而“素”只归糸部不归一部；“泰”归一部和水部，而“春”只归日部不归一部；“考”归一部、十部、土部和老部，而“老”归一部、土部和老部，却不归十部。多开门为读者提供了方便，但归部无定的随意性又给读者带来了困惑。还应该看到，多开门的办法只适用于排检字表，如果用来排正文，就会因多处重见而造成条目芜杂和篇幅浪费。

汉字数量繁多，结构复杂，形体多种多样，依据什么样的原则和方法分析部首和归部，是部首查字法无法回避的重要问题。为了完善201部首查字法，增强科学性和规范性，教育部、国家语言文字工作委员会于2009年1月12日发布了

《汉字部首表》和《GB 13000.1 字符集汉字部首归部规范》，并于5月1日实施。《汉字部首表》对201部首草案做了调整和增补，设主部首201个，附形部首100个。《GB 13000.1字符集汉字部首归部规范》确定了归部原则、归部规则，并规定了20902个汉字的部首。对于《归部规范》这一规范文件，学术界、教育界颇有争议，主要是其中某些字归部欠妥。如：

“愿”从心，原声，现归入厂部

“愈”从心，俞声，现归入人部

“盒”从皿，合声，现归入人部

“凳”从几，登声，现归入癶部

“鹏”从鸟，朋声，现归入月部

“雌”从隹，此声，现归入止部

这几个字都是形声字，按新的方法归部，违背造字规则，不便于识字教学。《辞海》第六版彩图本（上海辞书出版社2009年）不敢越雷池一步，也是这样归部的。

三　中文编码字符集7万字部首序的编排

201部首规范有着广泛的发展前途，被越来越多的新出版或重新修订出版的汉语辞书采用。国家标准GB 18030－2005《信息技术中文编码字符集》（收7万余字）汉字部首序（简称《七万字部首序》）的研制，是科学技术部于2002年下达的任务，由魏励任项目负责人。《七万字部首序》以201部首表为基础，并做了修改补充。2009年教育部、国家语言文字工作委员会发布《汉字部首表》和《GB 13000.1字符集汉字部首归部规范》，《七万字部首序》根据新的规范又做了一些调整。

（一）部首数量

《七万字部首序》的主部首遵循201部首标准，附形部首根据需要由原来的100个调整为136个，增加36个。

（二）部首的排列次序

按笔画数多少和笔顺次序排列。

（三）分析字形和归部的基本原则

总则

1.继承传统。分析字形结构和归部时尽可能考虑造字的理据性，保留汉字文化信息。如："雌"由此和隹构成，归隹部，不归止部；"含"由今和口构成，归口部，不归人部；"愿"由原和心构成，归心部，不归厂部；"募、幕、墓、蓦、暮、慕、摹、謩"等由莫分别和力、巾、土、马、日、心、手、言等构成，归下边的部首，不归上边的艹部。

2.根据字形结构特点归部。对于少数结构特殊的字，根据其结构特点归部，不追求完全符合造字本义。如："颖"本为从禾、顷声的形声字，今归页部，不归禾部；"修"本为从彡、攸声的形声字，今归亻（人）部，不归彡部；"穀"和"觳"本为从禾或角、㱿声的形声字，今归殳部，不归禾部或角部。

细则

1.独体字归部方法

如果是部首，则归入该部。如："山"归山部，"虫"归虫部，"鱼"归鱼部。如果不是部首，则按起笔笔形归部。如："井"归一（横）部，"且"归丨（竖）部，"年"归丿（撇）部，"之"归丶（点）部，"民"归乛（折）部。

2.合体字的切分原则和归部方法

（1）切分原则

a.通常根据造字理据，先一分为二进行切分。如："煎"从火、前声，切分为前和灬（火）；“靠”从非、告声，切分为告和非；“鹏”从鸟、朋声，切分为朋和鸟。需要注意的是，有些常见的组合单元应视为一个整体。如：“堂、常、棠、掌”切分为𫩠（尚）和土、巾、木、手；“荣、榮、萤、螢”切分为𫇦（𤇾）和木、虫；“曆、歷、磨”切分为厤和日、止、石。

b.少数造字理据不明显的字，根据字形结构特点，先从相离部分切分，其次再切分相连的结构。如：“善”为上下结构，切分为𦍌和口两部分；“章”切分为立和早（群众在生活中也常说“我姓章，是立早章，不是弓长张”）；“竟”切分为立和兄。

c.如果一分为二切分后没有部首，再对切分后的部件逐级切分。如：“耀”先左右切分为光和翟，没有部首，再把翟上下切分为羽和隹；“舞”先上下切分，没有部首，再把下边的舛左右切分为夕和㐄；“疑”先左右切分，没有部首，再把左边切分为匕和矢。

（2）归部方法。切分后，如果其中只有一个部首，则归入该部。如：“鸭”归鸟部，“新”归斤部，“吴”归口部，“疗”归疒部，“远”归辶部，“题”归页部。如果其中有两个或两个以上的部首，或当对字形切分到某一级时出现两个或两个以上的部首，处理方法为：

a.单笔部首和多笔部首都有的，取多笔部首，不取单笔部首。如：“灭”归火部，不归一部；“旧”归日部，不归丨部；“系”归糸部，不归丿部；“主”归王部，不归丶部。

b.左右、左中右结构的，取左不取右。如：“鸡”归又部，不归鸟部；“则”归贝部，不归刂部；“狱”归犭部，不归犬部。

c.上下、上中下结构的，取上不取下。如：“昏”归氏部，不归日部；“思”归田部，不归心部；“牵”归大部，不归牛部。

d.包围或半包围结构的，取外不取内。如：“国”归囗部，不归玉部；“勾”归勹部，不归厶部；“问”归门部，不归口部；“氧”归气部，不归羊部；“连”归辶部，不归车部。

e.如果部首在四角，一般按左上、左下、右上、右下的顺序取部首。如：“疑”归左上角的匕部，“毓”归左下角的母部，“耀”归右上角的羽部，“赜”归右下角的贝部。

f.分析不出部首的字，按起笔笔形归部。如：“奉”归一（横）部，“畅”归丨（竖）部，“卵”归丿（撇）部，“举”归丶（点）部，甬归乛（折）部。

（四）部首统属字的排列次序

1.先排主部首统属的字，后排附形部首统属的字。如：攴部先排从攴的字，后排从攵的字；水部先排从水的字，后排从氵的字。

2.主部首和附形部首所统属的字，按部首之外的笔画数排列次序，笔画数相同的，再按整字的笔顺排序。如：黾（黽）部“鼋”在“鼍”前，“黿”在“鼉”前；干部“刊”在“邗”前。

3.当笔画数和笔顺都相同时，按字形结构，先排左右结构，次排上下结构，再次排半包围结构。如日部“旸”在“昜”前，鸟（鳥）部“鹅”在“鵞”前，毛部“毡”在“氊”前。

201 部首表

【说明】1.本表依据中华人民共和国教育部、国家语言文字工作委员会 2022 年发布的《汉字部首表》。主部首 201 个，附形部首有少量补充，个别次序有调整。2.附形部首如果与主部首笔画数和笔顺不同，则另外列出，以便查检。3.部首左侧数字是部首序号，右侧数字是本书页码。

【5 画】

【6 画】

部首解说

1　一部

【古文字字形】甲金篆*

【部中字举例】丁七三于下万丛吏丞甚昼囊

yī　表意字。甲骨文、金文、小篆象一根算筹形，隶定为“一”，本义表示数词一。又称横，是汉字笔画或部件。

作为部首，称横部。因最初是以汉字“一”作部首，故又称一(yī)部。

部中有的是由一组成的字，如“三、丛、丝”；有的是难以归入其他部的一(横)起笔的字，如“七、万、东”。

2　丨(亅)部

【古文字字形】篆1篆2

【部中字举例】中凸甲由凹师曲串果临

【注释】甲：甲骨文的简称。金：金文的简称。篆：小篆的简称。籀：《说文》籀文的简称。古：《说文》古文的简称。奇：《说文》奇字的简称。

gǔn　表意字。小篆 1 象一根竖画上下贯通，隶定为“丨”，义为上下相通。又称竖，是汉字笔画或部件。

作为部首，称竖部。

部中有的是由丨组成的字，如“临、中”；有的是难以归入其他部的丨起笔的字，如“凸、曲、果”。

附形部首“亅”读 jué，小篆 2 象钩形，隶定为“亅”，义为倒挂的钩。又称竖钩，是汉字笔画的一种。

“亅”与“丨”往往没有区别作用，如部件“木”也写成“朩”，因而字表排序时把“亅”与“丨”视为一类。

3　丿部

【古文字字形】  篆

【部中字举例】 九川久及爻乏乌乍丘乎乐年乔乒囟卵胤

piě　小篆隶定为“丿”，是汉字笔画或部件。

作为部首，称撇部。

部中有的是由丿组成的字，如“川、乏、乒”；有的是难以归入其他部的丿起笔的字，如“九、及、年”。

4　丶部

【古文字字形】  篆

【部中字举例】 义之为半必永州农叛举

zhǔ 象形字。小篆象火炷形，隶定为“丶”，是“主(炷)”的本字。一说为古代读书时断句的符号。又称点，是汉字笔画或部件。

作为部首，称点部。

部中有的是由丶组成的字，如“义、之”；有的是难以归入其他部的丶起笔的字，如“农、举、叛”。

5 乛(𠃌⺄𠃊乚乙)部

【古文字字形】 甲 金 篆1 篆2

【部中字举例】 了买承刁也习乱乩乳乙乙氹乪

“乛”称横钩，是汉字笔画或部件。作为部首，称折部。

附形部首“𠃌”读 gǔn，义为钩的倒尖。又称横折钩，是汉字笔画或部件。

附形部首“⺄”称横折钩，是汉字笔画或部件。

附形部首“𠃊”读 yǐn，是表意字。小篆 2 象弯曲隐匿之形，本义为隐蔽。又称竖折，是汉字笔画或部件。

附形部首“乚”称竖折钩，是汉字笔画或部件。

附形部首“乙”读 yǐ，甲骨文、金文、小篆 1 构造方法未详。甲骨文、金文用为天干的第二位、人的称呼等。

部中有的是由乚组成的字，如“乱、乳”；有的是难以归入其他部的乛起笔的字，如“了、买、承”；有的是由乙组成的字，如“乙乙、氹、乪”。

6　十部

【古文字字形】  甲  金  篆

【部中字举例】 卆卉古华克直丧卖卑南啬博兢矗

shí　表意字。甲骨文为一竖画，象竖置的算筹形（一说象针形）；金文竖画中间加粗，有的变为点状；小篆进一步把中间的点变为横画，隶定为“十”，本义表示数词十。

作为部首，称十部。有的在字的左右，俗称十字旁或十字边，如“协、博、斟”；有的在字的上边，俗称十字头，如“古、直、卖”；有的在字的下边，俗称十字底，如“卆、华、卑”。*

“十”也作音符构成形声字，如“什、汁”。

7　厂（⺁）部

【古文字字形】  金  篆1  篆2

【部中字举例】 斤历厄压厌厕厘厚厢厩厨厦反后质盾

hǎn　象形字。金文、小篆1象山崖上岩石向外突出而形成的石穴形，可以居住，隶定为“厂”，本义为山崖下的石穴，引申为房屋。

又读 ān，义同“庵”，多用于人名。

【注释】“十部”是规范名称，其他是根据部位命名的俗称。后同。

又读 chǎng，是“廠”的简化字。

作为部首，称厂部。因多在字的左上角，俗称厂（chǎng）字头或偏厂儿。

附形部首“厂”读 yì，小篆 2 所象之形未详，义为牵引。又是汉字偏旁或部件。称反字框，因“反”是部中常用字，故名。

部中的字，有的与山崖有关系，如“厓（山崖，后作‘崖’）、原（本义为山崖下的泉水，后作‘源’）、厚（本义为山陵厚，泛指物体的厚度）”。

8 匚（匸）部

【古文字字形】  甲  金  籀

 篆1  篆2

【部中字举例】 区 匹 巨 叵 匡 匠 匣 医 匿 匪 匮 匾

fāng 象形字。甲骨文、金文、《说文》籀文、小篆 1 象方的筐类器物形，隶定为“匚”，义为方形盛物器。

作为部首，称区字框，因“区”是部中常用字，故名。

附形部首读 xì，是表意字，小篆 2 所象之形未详，隶定为“匸”，义为掩藏。“匸”与“匚”形近，现已混淆。

部中的字有的是器物名，如“匡（本义为盛饭器，后作‘筐’）、匣、匪（本义为筐类竹器，后作‘篚’）”；有的与掩藏义有关，如“区（本义为隐匿）、匿”。

9 卜(⺊)部

【古文字字形】  甲  金  篆

【部中字举例】 卦上卡占卢贞卣

bǔ 表意字。甲骨文、金文、小篆象龟甲用火灼后呈现的纵横裂纹形,表示用火灼龟甲、兽骨取兆以占吉凶,隶定为“卜”,本义为占卜,预测吉凶。

又读 bo,是“蘿蔔(萝卜)”的“蔔”的简化字。

作为部首,称卜部。

附形部首“⺊”称卢字头,因“卢”是部中常用字,故名。

部中的字有的与占卜有关系,如“占、贞(本义都指占卜吉凶)、卦(本义为占卜用的符号,象征吉凶)”;有的是前两笔为⺊的字,如“上、卢、卣”。

“卜”也作音符构成形声字,如“仆、扑、朴、补、赴”。

10 冂(⺆)部

【古文字字形】  金  篆

【部中字举例】 冈冋同罔用周

jiōng 表意字。金文、小篆象征国家都城的边界,隶定为“冂”,本义为都城的远郊。

作为部首,称同字框,因“同”是部中常用字,故名。

附形部首“⺆”是“周”的外框,称周字框。

11　八(丷)部

【古文字字形】 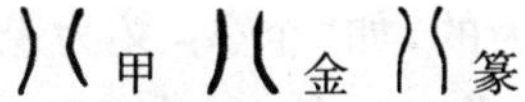

【部中字举例】 兮分公共兵其具典兰并关兑弟单前酋兼

bā　表意字。甲骨文、金文、小篆象二画相背张开，隶定为“八”，本义表示分别、分开，假借为数词，七加一的和。

作为部首，称八部。

附形部首“丷”，称倒八。

部中的字有的与分开义有关系，如“分”。

“八”也作音符构成形声字，如“扒、叭、趴”。

12　人(亻入)部

【古文字字形】 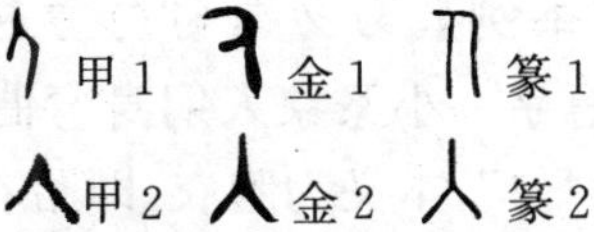

【部中字举例】 个从今仓令合企众伞余俞仁仗他休伪体佑伯你伴佛俯傲僧汆氽

rén　象形字。甲骨文1、金文1、小篆1象弯腰垂臂侧身而立的人形，隶定为“人”，本义为人。作左偏旁时写作“亻”。

作为部首，称人部。

附形部首“亻”像一个人站立，故称单立人，俗称单人旁。

附形部首“入”读 rù，是表意字。甲骨文2、金文2、小篆2

象尖端向上的角形物体，有尖端则容易插入，故表示进入，由外到内。本义为进入。

部中从人的字很多与人事有关系，大致可分为三类：(1)关于人的行为的，如“企（本义为踮起脚跟，引申为仰望、仰慕、希求）、休（歇息）、俯（脸向下，低头）”；(2)关于人的德行的，如“仁（对人亲善，友爱）、伪（虚假，不真实）、傲（自高自大）”；(3)关于人伦、身份的，如“伯（兄弟排行中指老大）、你（人称代词，称对方）、僧（佛教指出家修行的男人）”。

部中从入的字有的与进入义有关系，如“汆（把东西放入水中）、籴（买入粮食）”。

“人”也作音符构成形声字，如“认”。

13　勹部

【古文字字形】  篆

【部中字举例】 勹勿匀勾句匆包旬匈甸匍訇匐

bāo　表意字。小篆象人躬身弯曲之形，表示体中有所包裹。隶定为“勹”，本义为胞衣，即胎衣，母体中包裹胎儿的胎盘和胎膜。后作“包”，又作“胞”。

作为部首，称句字框，因“句”是部中常用字，故名。

部中的字有的与包裹、弯曲义有关系，如“包、勾、句、匈、匍、匐”。

14　儿部

【古文字字形】 甲 金 篆1 篆2

【部中字举例】 先兇兕党兜兟

ér　象形字。甲骨文、金文、小篆1象小儿头顶骨未完全闭合之形，隶定为“兒”，本义为小儿（小孩子），引申为青年男子、儿子等。现简作“儿”，省略了原字上边的部件。

小篆2是战国时期古文，读rén，象形字。象人形，隶定为“儿”，义同“人”。现在一般用于部首。

作为部首，称儿部。有的在字的下边，俗称儿字底。

部中的字有的与人及其行为有关系，如“先、兇（凶）、党”。

15　匕部

【古文字字形】 甲 金 篆

【部中字举例】 北旨顷卺匙疑

bǐ　象形字。甲骨文、金文象长柄浅勺形，小篆字形稍变，隶定为“匕”，本义为古代一种取食器具，长柄，像汤勺。

作为部首，称匕部。

部中的字有的与取食有关系，如“旨（本义为味道甘美）、匙（汤勺）”。

16　几(⺇)部

【古文字字形】  篆

【部中字举例】 凡朵凫咒凯凭凤夙凰

jī　象形字。小篆象古人席地而坐时倚靠的凭几形，隶定为“几”，本义为古代的一种家具，引申为放置物品的低矮的小桌子。

“几”又是“幾”的简化字，本义为细微的迹象。假借为副词，相当于“几乎”“差不多”。又读 jǐ，假借为数词，用来询问数目的多少，也表示二到九之间的数目。

作为部首，称几(jī)部。

附形部首“⺇”称风省，俗称风字头或风字框，因“风”或“凤”是部中常用字，故名。

部中有的字与供坐或靠的家具有关系，如“凭(本义为身体依靠在几上)”。

“几”也作音符构成形声字，如“讥、叽、饥、机、肌”。

17　亠部

【古文字字形】(无)

【部中字举例】 亡卞六亢市玄亦交亥充亩亨京享哀亭亮衰衷离商

tóu　“亠”是汉字偏旁或部件，不单独使用。

作为部首，称玄字头，因“玄”是部中常用字，故名。

18　冫部

【古文字字形】 金  篆

【部中字举例】冯冲冰次决冻况冷冶冽洗净凌凇准凋凉凑凝

bīng　象形字。金文、小篆象冰凌形，隶定为“仌”，本义为水冻结而成的固体，后作“冰”。

作为部首，称两点水，因像两个水滴；也称冰字旁，因“冰”是部中常用字，故名。*

部中的字大多与冰或寒冷有关系，如“冰、冷、冻、冽、凌、凋、凉、凛”。

冫也作音符构成形声字，如“冯”。

19　冖部

【古文字字形】 篆

【部中字举例】冗写军冠冢冥冤幂

mì　表意字。小篆象覆盖物体的巾形，隶定为“冖”，本义为覆盖，后作“幂”。

作为部首，称秃宝盖，因其像“宀”，上边光秃秃的少一点，故名。

【注释】凡言“称”和“也称”都表示是规范名称。后同。

部中的字多与覆盖、遮蔽义有关系，如“冠、冥、冤(蒙受委屈)、幂”。

20 凵部

【古文字字形】  篆1  篆2

【部中字举例】 凶击凼函

kǎn 象形字。小篆1象埋祭牲的坑形或人所居住的坑穴形，隶定为“凵”，本义为坑穴，后作“坎”。

小篆2读qū，是象形字，象盛饭食的圆形竹器形，隶定为“亼”，本义为古代盛食器，后作“笶”，又称亼卢或笶箎。

作为部首，称画字框，因“画”字含此部件，故名。又因“凶”是部中常用字，故俗称凶字底或凶字框。

21 卩(㔾)部

【古文字字形】 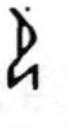 甲 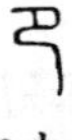 篆

【部中字举例】 印卬卯却即卸卿卷

jié 象形字。甲骨文象人跪跽臣服之形，小篆象弯曲的膝形，隶定为“卩”，本义为跪，也指膝部，后作“跪”或“膝”。假借为符节，后作“節”，现简作“节”。

作为部首，称卩部，又因与“阝”相似，中间没有弯折，故称单耳，俗称单耳刀。

附形部首“㔾”是“卩”的变体，称仓字底，因“仓”字含此

部件，故名。又因“卷”是部中常用字，故俗称卷字底。

“卩”也作音符构成形声字，如“节、爷”。*

22　刀(刂⺈)部

【古文字字形】  甲  篆

【部中字举例】 刃切召券剪劈刑刚别删刺制刍负争免兔

dāo　象形字。甲骨文、小篆象刀形，隶定为“刀”，本义为刀，用于切、割、削、砍、刺、铡等的工具或兵器。

作为部首，称刀部。

附形部首“刂”是“刀”的变体，在字的右边，因像竖立的刀，故称立刀，俗称立刀旁。

附形部首“⺈”，称负字头，因“负”是部中常用字，故名。又因与“刀”形近，故俗称刀字头、斜刀头。

部中的字多表示与刀有关的事物、性状或动作，如“刃、刚、切、割、削、刺、刻、剪、劈”。

“刀”也作音符构成形声字，如“叨、忉、召、氘、钊”。

23　力部

【古文字字形】  甲  金  篆

【注释】“节”“爷”两字下边的“卩”称节字底，写法与主部首稍有不同。

【部中字举例】 办加动劣劫励助努劲势勃勋勉勘

lì 象形字。甲骨文、金文、小篆象耒形，隶定为“力”，本义为古代的一种翻土农具。用耒翻土需用力，故引申为力量。

作为部首，称力部。有的在字的下边，俗称力字底。

部中的字多表示与力量有关的动作、性状或事物等，如“动、助、劲、努、劫、勤、勉、勋”。

“力”也作音符构成形声字，如“历、肋、仂、叻、勒”。

24 又部

【古文字字形】  甲  金  篆

【部中字举例】 叉友邓劝双圣对戏观鸡叔艰叙难

yòu 象形字。甲骨文、金文、小篆象右手形，隶定为“又”，本义为手。假借为副词，表示动作行为的重复或继续，也表示几种情况或性质同时存在。

作为部首，称又部。

部中的字有些表示与手有关的动作，如“叉（手指交错）、叔（本义为拾取）、叡（伸开拇指、中指或食指以量长度）”；有些是简化符号，如“邓（鄧）、对（對）、戏（戲）、观（觀）、艰（艱）、圣（聖）”。

25 厶部

【古文字字形】  篆

【部中字举例】 允弁台牟县矣参

sī 表意字。小篆用向内环绕形表示以自我为中心，隶定为“厶”，本义为自私，利己的，后作“私”。

作为部首，称厶部；又因用作“私”字的偏旁，故也称私字边。

26 廴部

【古文字字形】  篆

【部中字举例】 廷延建

yǐn 表意字。小篆从彳，末笔延长，表示长行，即连续行走或行途绵长，隶定为“廴”，本义为远行。

作为部首，称建之，因“建”是部中常用字，又与“之”字形相近，故名。

27 干部

【古文字字形】  甲  金  篆

【部中字举例】 刊邗预

gān 象形字。甲骨文、金文、小篆象有丫杈的木棒形，

有的在丫杈的两端或中间绑上石头，隶定为“干”，本义为上古先民的原始猎具或武器。引申为盾牌（古代用来挡刀箭护卫身体的兵器）、触犯、干涉、牵连等，假借为天干（甲、乙、丙、丁、戊、己、庚、辛、壬、癸的总称，古代用作表示次序的符号）。

作为部首，称干部。

“干”读 gān 时又是“乾”（用于“乾燥、乾净、喝乾”等）的简化字，读 gàn 时又是“榦”（用于“树榦、榦线、榦部”等）的正体字。

“干”也作音符构成形声字，如“肝、竿、赶、杆、秆、鼾、罕、汗、旱、奸、轩、岸、刊、邗、顸”。

28 工部

【古文字字形】  甲  金  篆

【部中字举例】 巧邛功左巩贡汞攻巫项

gōng 象形字。甲骨文、金文、小篆象曲尺形，即古代画直角或方形的工具，隶定为“工”，本义为曲尺等工具，引申为工匠。

作为部首，称工部。

部中的字有的跟做工有关系，如“功（用力做工）、巧（做工的技能）”。

“工”也作音符构成形声字，如“攻、巩、汞、贡、红、虹、讧、邛、肛、缸、杠、扛、江、豇、项”。

29　土(士)部

【古文字字形】  甲  金1  金2  篆1
 金3  金4  篆2

【部中字举例】 圭地坛坎块型城埂埋埙埃域培基堑塔堰堤塘墙境壁壤吉壳志壶喜壹

tǔ　象形字。甲骨文、金文1象地面上的土堆形，金文2、小篆1字形稍变，隶定为“土”，本义为土壤，引申为土地。

作为部首，称土部。有的在字的左边，俗称提土旁；有的在字的下边，俗称土字底。

部中的字多表示与土地或土有关的事物，大致可分为六类：(1)土的种类，如“壤、块、埃”；(2)地形，如“堑、坎、埂、塘”；(3)泥土制的器物，如“型、埙”；(4)建筑物，如“城、塔、坛、基、墙、壁、堤、堰”；(5)疆界、区域，如“境、域”；(6)与泥土有关的行为，如“培、埋”。

“土”也作音符构成形声字，如“吐、钍、肚、杜、芏、牡”。

附形部首“士”读shì，金文3是象形字，象斧形，金文4、小篆2字形稍变，本义为斧子，引申为古代掌管刑狱的司法官，假借为男子的称呼。因“士”与“土”形近，故合并为一个部。

30　艹(艸)部

【古文字字形】 篆

【部中字举例】 苇花芳茂苫草茶药萎菜菊落蒜蔫薅

cǎo 象形字。小篆象草形，隶定为“艸”，本义为草，后作“草”。

作为部首，都在字的上边，简写作“艹”，“草”是部中常用字，故称草字头。

部中的字多与草木有关系，大致可分为三类：(1)指树木以外的植物名，如“茶、菊、苇、菜、蒜”；(2)指草木的性状，如“芳、茂、萎、蔫”；(3)指与草木有关的动作，如“苫、落、薅”。

31 寸部

【古文字字形】  篆

【部中字举例】 寿封尅專尉尊導

cùn 表意字。小篆从又，又象手形，以一横画指示寸口之处，寸口是中医按脉的部位，距手腕一寸，隶定为“寸”，本义为长度单位一寸，引申为很短或很小。

作为部首，称寸部。有的在字的下边，俗称寸字底。

部中的字有的与手有关系，如“封(本义为堆土植树为界)、尉(本义为手持熨斗烫平衣物，后作‘熨’)、尊(本义为手捧酒器以祭奠)、導(‘导’的繁体字，引导，带领)”。

“寸”也作音符构成形声字，如“村、忖、衬”。

32　廾部

【古文字字形】  甲  金  篆

【部中字举例】 弃弈弊

gǒng　表意字。甲骨文、金文、小篆表示两手相向有所捧持，隶定为“収”或“廾”，本义为双手捧物。

作为部首，称弄字底，因在常用字“弄”的下边，故名。

部中的字，大多与手有关系，如“弃(抛弃)、弈(下棋)”。

33　大部

【古文字字形】  甲  金  籀  篆

【部中字举例】 太头夸奇契牵套爽奥樊

dà　表意字。甲骨文、金文、《说文》籀文、小篆象正面站立、伸开双臂的人形，表示大人，即成年人，隶定为“大”。本义表示规模或数量等超过一般，引申为年长。

又读 dài，用于“大夫(医生)、大王”等。

作为部首，称大部。有的在字的下边，俗称大字底。

部中的字有些与大的性状有关系，如“夸、奀、奤”。

“大”也作音符构成形声字，如“达、驮”。

34 尢(尣兀)部

【古文字字形】 金 1 篆 1 古

甲 1 金 2 篆 2

甲 2 篆 3

【部中字举例】 尢尥尪尬尴

wāng 象形字。金文 1、小篆 1 象人一条腿弯曲之形,隶定为“尢”或“尣”;《说文》古文是形声字,从尢,㞷(huáng)声,隶定为“尩”,简省为“尪”。本义为跛。

作为部首,称尴字框,因“尴”是部中常用字,故名。

还有一个形体相同的字,读 yóu,是象形字。甲骨文 1、金文 2、小篆 2 象人手臂长有赘疣之形,隶定为“尢”或“尤”,本义为赘疣,后作“疣”。引申为过失、罪过。

这两个字因形同而混淆。作为部首,称尤字旁。

部中的字有的与腿脚或行走不便有关系,如“尪(本义为跛足)、尥(骡、马等牲畜用后腿向后踢)、尴、尬(尴尬本义为行为不正常,引申为处境困难或事情不好办)”。

附形部首“兀”读 wù,是表意字,由“元”分化而成。甲骨文 2、小篆 3 省略了顶上的一个横画,本义为高而突出的样子,引申为摇晃、光秃。

“兀”也作音符构成形声字,如“阢、杌”。

35 弋部

【古文字字形】  甲  金  篆

【部中字举例】 弌弍弎式忒鸢贰

yì　象形字。甲骨文、金文象下端尖锐的小木桩形，小篆字形稍有变化，隶定为“弋”，本义为小木桩，后作“杙”。引申为用于射鸟的带着丝绳的短箭、猎取等。

作为部首，称弋部；也称代字边，因“代”字含此部件，故名。

“弋”也作音符构成形声字，如“式、忒”。

36 小(⺌)部

【古文字字形】  甲  金 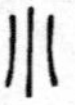 篆

【部中字举例】 少尔尕尘尖雀尞当肖尚

xiǎo　表意字。甲骨文、金文以三个小点表示形状不大，小篆字形稍变，隶定为“小”，本义为微小，引申为低微、轻视、年龄小的人等。

作为部首，称小部。有的在字的上边，俗称小字头；有的在字的下边，俗称小字底。

附形部首“⺌”称尚字头，因“尚”是部中常用字，故名。

部中某些字与形体小、细微有关系，如“少(数量小)、尘(小土)、尖(物体末端细小)、雀(小鸟)”。

37　口部

【古文字字形】  甲  金  篆

【部中字举例】 叫吃吸吞吟吹吮呼咖咽咬哺唧啡唱唾啤啶喊喝喉嗟喙嘻嘴噫嚼

kǒu　象形字。甲骨文、金文、小篆象人张嘴之形，隶定为“口”，本义为嘴，发声或进饮食的器官，引申为言语、容器内外相通的地方、出入的通道等。

作为部首，称口部。

部中字多表示与口有关的事物、动作和性状等，大致可分为四类：(1)口及其各部分，如“咽、喉、喙、嘴”；(2)与口有关的动作行为，如“吃、喝、咬、吹、吻、叫、喊、呼、吸、吟、唱、嚼、吞、哺、吮、唾”；(3)与口有关的拟声词，如“噫、嘻、嗟、唧”；(4)译音用字，如“咖、啡、啤、啶”。

“口”也作音符构成形声字，如“扣、叩”。

38　囗部

【古文字字形】  篆

【部中字举例】 囚回园围困囤囵囫

wéi　表意字。小篆象把一块地方围起来之形，隶定为“囗”，本义为围绕，后作“围”。

作为部首，称囗部；也称围字框，因“围”是部中常用字，故名。又因像四方形外框，故俗称方框。

部中的字有些与环绕、包围义有关系，如“回、围、国、园、圆、圃、囚、圈”。

39　山部

【古文字字形】  甲  金1  金2  金3  篆

【部中字举例】 屿岍岐岖岗岑岛岸岩岭岳岱峡峦峭峨峰峻崖崎崔崇嵬嵯嵩嶷

shān　象形字。甲骨文、金文1、金文2象众多山峰耸立之形，金文3、小篆字形稍变，隶定为“山”，本义为山岭。

作为部首，称山部。有的在字的上边，俗称山字头；有的在字的左边，俗称山字旁。

部中的字大多与山有关系，可分为四类：(1)山的名称，如“岱、岳、岐、岷、嵩、嶷、岍”；(2)山的种类，如“峦、峡、岑、岛、屿、岸”；(3)山的一部分，如“岭、峰、岗、崖、岩”；(4)山的形状，如“崇、峻、峭、嵯、峨、崔、嵬、崎、岖”。

“山”也作音符构成形声字，如“舢、汕、讪、疝、仙、氙、籼、灿”。

40　巾部

【古文字字形】  甲  金  篆

【部中字举例】 布帅帆帐帖帜帕帮带常帷幅幌幔幡幢

jīn　象形字。甲骨文、金文、小篆象下垂的佩巾形，中间一竖象系带，隶定为“巾”，本义为佩巾，引申为用于擦抹、包裹、覆盖等的小块布类。

作为部首，称巾部。有的在字的左边，俗称巾字旁；有的在字的下边，俗称巾字底。

部中的字大多与纺织品或布制品有关系，如“布、带、帐、幡、幢、幌、帆”。

41　彳部

【古文字字形】  篆

【部中字举例】 行征往径待徊徐徘街循

chì　表意字。“行”的甲骨文写作 ，金文写作 ，象四通八达的十字路口形，“彳”为“行”的左半，本义为小步行走。

作为部首，比人部附形部首“亻”多一个丿（撇），故称双立人，俗称双人旁。

部中的字大多与道路或行走有关系，如“行、径（小路）、街、往、征（远行）、徒（步行）、徐（慢行）、循（顺着路而行）”。

42　彡部

【古文字字形】  篆

【部中字举例】 形彤须彦彩彭彰影

shān　象形字。小篆象毛发或胡须形，本义为毛发或胡

须，也指画饰花纹。

作为部首，称彡部。又因由三个丿(撇)组成，故俗称三撇儿或三撇旁。

部中的字多与须发或花纹有关系，如“须(胡须)、彩(花纹色彩)、彰(错综的花纹，斑斓的色彩)”。

“彡”也作为音符构成形声字，如“杉、衫、参”。

43　夕部

【古文字字形】  甲  金  篆

【部中字举例】 外舛名多梦飧夥舞

xī　表意字。甲骨文、金文象月牙形，用月亮出来的现象表示傍晚或夜晚，小篆字形稍变，隶定为“夕”，本义为傍晚或夜晚。

作为部首，称夕部。

部中有的字与月亮或夜晚有关系，如“飧(晚饭)、梦(夜晚睡觉做梦)”。

“夕”也作音符构成形声字，如“汐、矽、穸”。

44　夂部

【古文字字形】  篆1

 甲 篆2

【部中字举例】处冬务夅各条备复夏

zhǐ　表意字。小篆1象在人的两个小腿之后加一笔画，表示从后而来，隶定为“夂”，本义为从后至。又是“终(終)”的古文。

作为部首，有的在字的上边，“冬”是部中常用字，故称冬字头。

另有一个形近字读 suī，也是表意字，甲骨文、小篆2像倒过来的“止”字形，隶定为“夊”，本义为行走迟缓，后作“绥”。“夊”现与“夂”混同。

作为部首，有的在字的下边，因与反文旁“攵”相似，俗称折文儿或折文旁。

45　丬(爿)部

【古文字字形】甲 篆

【部中字举例】壮妆状将壯妝牀狀戕牁牂將

qiáng　甲骨文象纵向放置的床形，小篆字形稍变，隶定为“爿”，本义为床，后作“牀(床)”。一说甲骨文、小篆是“片”的反写，本义为劈成片的竹木。用于某些字的左偏旁，现简作“丬”。

作为部首，称将字旁，因“将”是部中常用字，故名。

“爿”又读 pán，作为部首，称爿部。

“丬(爿)”也作音符构成形声字，如“戕、牆(墙)、牀(床)、将(將)、壮(壯)、状(狀)、妆(妝)”。

46　广部

【古文字字形】  篆

【部中字举例】 庑床库应庐店庙府底庖废庭庠庵廊

yǎn　象形字。小篆象倚山崖建造的居室形，隶定为“广”，本义为房屋。

又读 ān，引申为简陋的小草屋，与“庵”同。

又读 guǎng，是“廣”的简化字。

作为部首，称广(guǎng)部。又因多在字的左上部，故俗称广字头或广字旁。

部中的字有些与房屋有关系，大致可分为两类：(1)房屋的种类，如“库、庐、店、庙、庠(学校)、庵”；(2)房屋的部分，如“庑(正房周围的屋子)、庖(厨房)、庭、廊”。

“广”也作音符构成形声字，如“犷、矿、旷、邝、圹、纩、扩”。

47　门(門)部

【古文字字形】  甲 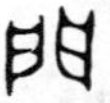 金  篆

【部中字举例】 闩闭问间闵闷闸闺闻闽阀阁阅開關

mén　象形字。甲骨文、金文、小篆象两扇门形，隶定为“門”，本义为房屋的门，引申为出入口、器物上可以打开和关闭的部分等。现简作“门”，据草书楷化。

作为部首，称门部。又因多在字的外边，故俗称门字框。

部中的字大多与门或房屋有关系，如“開(开)、關(关)、闭、闩、间、阁、闺”。

“门”也作音符构成形声字，如“扪、钔、闷、们、问、闻、闵、闽”。

48　宀部

【古文字字形】  甲  篆

【部中字举例】 宇宅安宏宝室宫宽家寄宿寒寓

mián　象形字。甲骨文、小篆象尖顶房屋的侧视形，隶定为“宀”，本义为房屋，引申为覆盖。

作为部首，像盖子形，“宝”是部中常用字，故称宝盖，俗称宝盖头。

部中的字有些与房屋有关系，大致可分为三类：(1)指房屋名，如“宅、宫、室、家”；(2)指房屋的性状，如“安、宏、宽”；(3)指居住等，如“寄、宿、寓、寝”。

49　辶(辵)部

【古文字字形】  甲 1  甲 2  篆

【部中字举例】 迂达迅进远还近迎追逃迹送退速途道遥避

chuò　表意字。甲骨文 1 从彳从止，甲骨文 2 从行从止，止指脚趾，以人的脚趾在路上表示行走，隶定为“辵”或

“辶”，本义为快步行走，引申为走走停停。

作为部首，在字的左下部，字形像奔跑的“之”，故称走之，俗称走之旁。

部中的字多与行走义有关系，大致可分为三类：(1)行走的动作，如“迎、送、进、退、追、逃、避、还(返回)”；(2)行走的性状，如“迅、速、远、近、遥、达(道路畅通)、迂(道路曲折，偏远)”；(3)与行走有关的事物，如“迹、道、途”。

50　彐(⺕彑)部

【古文字字形】 篆

【部中字举例】归寻灵帚彗录彖彘彙彝

部首“彐”无读音，是不能独立成字的构字部件，来源于古文字形“又”，为手的变体。

附形部首“⺕”为“彑”的变体。“彑”读 jì，是象形字。小篆象希(yì)或豕的头部，本义为猪头。

作为部首，因在常用字“雪”的下边，故称雪字底。

附形部首“⺕”称录字头，因“录”是部中常用字，故名。

附形部首“彑”在“彝”字的上边，故称彝字头。

51　尸部

【古文字字形】 甲 金  篆

【部中字举例】尻层屁尿尾居届屋屏屎屐屠属履屦

shī 象形字。甲骨文、金文象屈膝而蹲踞的人形，小篆字形稍变，隶定为“尸”。本义为古代作为死者的代表而接受祭祀的活人，一般由死者的晚辈或臣子担任。引申为尸体，后作“屍”。现以“尸”为规范字，“屍”为异体字。

作为部首，称尸部。又因多在字的左上部，故俗称尸字头。

部中某些字大致可分为三类：(1)与身体有关，如“尻、尾、尿、屎、屁”；(2)与脚或鞋有关，如“屐、屦、履”；(3)与房屋有关，如“屋、屏、居、层”。

52 己(已巳)部

【古文字字形】  甲1  金1  篆1

 甲2  金2  篆2

【部中字举例】 改忌导异巷巽

jǐ 象形字。甲骨文1、金文1、小篆1象弯曲的丝线形，隶定为“己”，本义为丝缕的头绪，后作“纪”。假借为自己、天干的第六位等。

作为部首，称己部。

“己”一般作音符构成形声字，如“记、纪、忌、起、岂、屺、芑、杞、圮”。

附形部首“已”读 yǐ，未见古文字字形，较早义为停止，引申为完成，假借为副词，已经。

附形部首“巳”读 sì，甲骨文2、金文2、小篆2象婴儿或胎儿形，本义为胎儿，引申为后嗣，假借为地支的第六位。

“已”“巳”与“己”形近，故放在一个部。

53　弓部

【古文字字形】  甲 1  甲 2  金 1  金 2  篆

【部中字举例】 引弘弛张弧弥弦弩弯弹强粥

gōng　象形字。甲骨文、金文、小篆象弓形，有的带弓弦，有的省去弓弦，隶定为“弓”，本义为射箭或打弹用的器械，引申为形状或作用像弓的器械、弯曲等。

作为部首，称弓部。又因多在字的左边，故俗称弓字旁。

部中的字多与弓有关系，大致可分为两类：(1)弓的种类或部分，如“弩、弧、弦”；(2)弓的性质或有关的动作，如“强、张、弛、引、弹”。

“弓”也作音符构成形声字，如“躬、穹、芎”。

54　子部

【古文字字形】  甲 1  金 1  籀  古  甲 2  金 2  篆

【部中字举例】 孔孕孙孜学孟孤孢孛孩孳孺

zǐ　象形字。甲骨文 1、金文 1、《说文》籀文、《说文》古文象有头发、囟门、身子的婴儿形，甲骨文 2、金文 2、小篆象包裹在襁褓中的幼儿形，上象头，中为摆动的双臂，隶定为“子”，本义为出生不久的婴儿，引申为动物的幼崽等。假借

为地支的第一位，用于记年、月、日、时。

作为部首，称子部。有的在字的左边，俗称子字旁；有的在字的下边，俗称子字底。

部中的某些字与人有关系，大致可分为三类：(1)指生育，如“孕、孳、孪”；(2)指孩子，如“孩、孙、孺、孤”；(3)指人伦等，如“孟、学”。

“子”也作音符构成形声字，如“孜、仔、籽、耔、字”。

55　屮(屮)部

【古文字字形】  甲  篆

【部中字举例】 出 蚩

chè　象形字。甲骨文、小篆象草木初生之形，隶定为“屮”或“屮”，本义为草，与“艸”同。

作为部首，称屮部。因字形像“艸”的一半，故俗称半叶草。

56　女部

【古文字字形】 甲 金 篆

【部中字举例】 奴奸妁妇妃妈妍妩妓妪妙妊妨妒妞姒妹姑姐姓姨姻姝娇姚姘姬娩娶婆娼婢婚媒媪媚嫉嫌嫁嫔嫱

nǚ 象形字。甲骨文、金文象屈膝而跪、两只手臂在胸前交叉的人形，是古代妇女在室内居处常见的姿态，小篆字形稍变，隶定为“女”，本义为妇女，引申为未出嫁的年轻女子、女儿等。

作为部首，称女部。有的在字的左边，俗称女字旁；有的在字的下边，俗称女字底。

部中的字大致可分为六类：(1)亲属，如“妈、姐、妹、姑、姨、妻”；(2)婚姻、妊娠，如“婚、姻、嫁、娶、妊、娠、娩”；(3)姓氏，如“姓、姬、姚、姒”；(4)女子的容貌或姿态，如“娇、好、妩、媚、妍、媸、妙、姝”；(5)女子的身份、地位、长幼，如“奴、婢、妃、嫔、媒、妁、妪、媪、婆、妞”；(6)不良的德行，如“奸、嫉、妒、妄、嫌、妨、姘、妓、娼、婊”。

“女”也作音符构成形声字，如“钕、汝”。

57 飞(飛)部

【古文字字形】 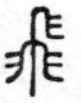 篆

【部中字举例】 𩙲 飜

fēi 表意字。小篆象鸟张开两只翅膀飞翔之形，隶定为“飛”，本义为鸟振动翅膀在空中活动，引申为昆虫等动物飞翔、物体在空中飘荡等。现简作“飞”。

作为部首，称飞部。

58 马(馬)部

【古文字字形】  甲  金1  金2  篆

【部中字举例】 驭驮驯驰驱驳驴驶驹驼骄骆骇骋骏骐骑骗骠骡骥驚

mǎ 象形字。甲骨文象马形,金文、小篆字形稍变,隶定为“馬”,本义为马,是常见的家畜。现简作“马”,据草书楷化。

作为部首,称马部。有的在字的左边,俗称马字旁;有的在字的下边,俗称马字底。

部中的字多与马有关系,大致可分为三类:(1)马名,如“驹、骏、骐、骥、骠、骆”;(2)与马有关的动作,如“骇、驚(惊)、驭、驾、骑、骗、驰、骋、驱、驶、驮”;(3)马的性状、相似的兽类名等,如“驳、骄、驯、驴、骡、驼”。

“马”也作音符构成形声字,如“码、蚂、犸、玛、妈、骂、吗”。

59 幺部

【古文字字形】  甲  金  篆

【部中字举例】 幻幼幾畿

yāo 象形字。甲骨文、金文象丝束形,小篆字形稍有变化,隶定为“幺”,本义为成束的丝,是“糸”(mì)的本字。丝较细微,故引申为细小、幼小等。

作为部首，称幺部；“幼”是部中常用字，故也称幼字旁。

部中的字多与小或细微有关系，如“幻（本义为虚无）、幼、幾（本义为细微的迹象）”。

“幺”也作音符构成形声字，如“吆”。

60　巛部

【古文字字形】  甲1  甲2  金  篆

【部中字举例】 災甾邕巢

chuān　象形字。“巛”同“川”，甲骨文、金文、小篆象两岸之间有流水形，本义为河流。

作为部首，在常用字“巡”的右上部，故称巡字心。

部中的字有的与水或河流有关系，如“災（洪水和失火等灾害）、甾（洪水等灾害）、邕（四周有水环绕的城邑）”。

61　王（玉）部

【古文字字形】  甲1  甲2  金1  金2

 篆1  甲3  金3  篆2

【部中字举例】 玎弄玩玦珏珂玲班球琐理琳琦琢瑁瑞瑰瑕璋瓖玺璧璺

wáng　表意字。甲骨文1、甲骨文2、金文1、金文2象刃部向下的斧钺形，以斧钺表示刑杀，象征王权，小篆字形稍

变，隶定为“王”，本义为君王，引申为首领、同类中最大或最强的等。

附形部首“玉”读 yù，是象形字。甲骨文 3、金文 3、小篆 2 象数片玉串联在一起之形，本义为玉石，一种矿物。“玉”作为构字部件，常变形为“王”，与“王”混淆。

作为部首，称王部或玉部。因从玉的字较多，一般称玉部。在字的左边时多写作“王”，末笔是斜提，故称斜玉。

部中的字大致可分为四类：(1)玉或美石名，如“球、琳、瑰、琦、珂”；(2)玉器或用玉做的装饰品名，如“玦、瑁、瑞、璋、璧、瓖”；(3)玉的颜色、玉器的声音等，如“瑕、玎、玲、琐”；(4)跟玉器有关的动作行为，如“琢(雕治玉石)、理(顺着玉的纹理加以雕琢)、班(用刀把玉石分开)、玩(把玩玉器)、弄(玩弄玉器)”。

“玉”也作音符构成形声字，如“钰”。

62　无(旡)部

【古文字字形】  甲1  金  篆1  奇
 甲2  篆2

【部中字举例】 炁既旣

wú　《说文》奇字是“無”的俗体，隶定为“无”，现作为“無”的简化字。“無”是表意字。甲骨文、金文象人双手持饰物而跳舞之形，小篆 1 字形稍变，本义为舞蹈，是“舞”的本字。假借为没有。

作为部首，称无部。

“无”一般作音符构成形声字，如“芜、妩、庑、怃、抚”。

附形部首“旡”读 jì，是表意字。甲骨文 2、小篆 2 为反写的“欠”字，初期正反无别，后来分化，本义为饮食时气逆而哽塞。因“无”与“旡”形近，合并在一个部。因“既”是部中常用字，故称既字边。

63　韦（韋）部

【古文字字形】  甲 1 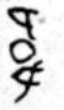 甲 2  金  篆

【部中字举例】 韧韨韪韬

wéi　表意字。甲骨文、金文、小篆中间象城邑形，四周或上下象足迹，表示环绕着城邑巡逻，隶定为“韋”，本义为保卫，后作“衛（卫）”。一说本义为守城，后作“圍（围）”。假借为熟皮、皮绳。现简作“韦”，据草书楷化。

作为部首，称韦部。

部中的字多与皮革有关系，如“韧、韨、韬”。

“韦”也作音符构成形声字，如“违、围、帏、闱、伟、纬、苇、玮、炜、韪、讳”。

64　木（朩）部

【古文字字形】 甲 金 篆

【部中字举例】 朽杏李杨杈枉林枝杵析松枯柏柳染桃植椅榆橱杀杂

mù 象形字。甲骨文、金文、小篆象树木形，中为树干，上为枝叶，下为树根，隶定为“木”，本义为树木，引申为木材、木制的器具。

作为部首，称木部。因多在字的左边，俗称木字旁；有的在字的下边，俗称木字底。

附形部首“朩”是“木”的变体，用在字的下边。

部中的字多与树木有关系，大致可分为五类：(1)树木的名称，如“松、柏、杨、柳、李、杏、桃、榆”；(2)树木的部位，如“枝、杈”；(3)树木的性状，如“朽、枯、枉”；(4)有关树木的动作，如“植、析、染”；(5)用木料制成的器物，如“杖、杵、椅、橱”。

“木”也作音符构成形声字，如“沐”。

65 支部

【古文字字形】 古 篆

【部中字举例】 郊翅攲

zhī 表意字。《说文》古文、小篆象手持折下的竹枝之形，表示枝条，隶定为“支”，本义为枝条，后作“枝”。引申为支撑、分支等。

作为部首，称支部。

“支”一般作音符构成形声字，如“枝、肢、吱、忮、技、妓、伎、芰、歧、岐”。

66　犬(犭)部

【古文字字形】  甲  金1  金2  篆

【部中字举例】 猋献狂狒狄狐狗狍狩狮狰狡狩狺狼猎猛猩猾猴猿猺獞獲

quǎn　象形字。甲骨文、金文、小篆象狗形，隶定为“犬”，本义为狗，一种常见的家畜。

作为部首，称犬部。

附形部首“犭”在字的左边，像“犬”的反写，故称反犬旁。“犹”是部中常用字，故又俗称犬犹。

部中的字多与兽(特别是犬)有关系，大致可分为五类：(1)兽(犬)的名称，如“獸(兽)、狗、狼、狐、猿、猴、狍、狮、猩”；(2)兽(犬)一样的性情，如“猛、狂、狡、猾、狰、狞”；(3)兽(犬)的动作，如“猋、狒、狺”；(4)指人对兽施加的动作，如“狩、猎、獲(获)”；(5)古代对少数民族侮辱性的称呼，如“狄、猺(今作‘瑶’)、獞(后作‘僮’，今作‘壮’)”。

“犬”也作音符构成形声字，如“吠”。

67　歹(歺)部

【古文字字形】  甲  篆

【部中字举例】 死歼殁残殃殆殊殉殍殖殡

è　象形字。甲骨文、小篆象剔除肉的残骨形，隶定为

“歺”，又作“歹”，本义为残骨。

歹又读 dǎi，引申为恶、不好。

作为部首，称歹(dǎi)部。

部中的字多与死亡、灾祸、不祥有关系，如“死、歼、残、殁、殉、殡、殃”。

68 车(车車)部

【古文字字形】  甲1  金1  金2  篆

【部中字举例】 轰辇轧轨轩转轭轮轴轻轼辅辎辐辑输辕辚

chē 象形字。甲骨文、金文象车的两轮及舆(车箱)、辕、轭、衡等形，轮为车的主要特征，多为两轮，金文2、小篆省为一轮，隶定为“車”，本义为陆地上有轮子的交通工具。现简作“车”，据草书楷化。

作为部首，称车部。多在字的左边，写作“车”，俗称车字旁；有的在字的下边，俗称车字底。

部中的字多与车有关系，大致可分为三类：(1)各种车的名称、车的部件、套牲畜驾车的器具等，如“轩、辇、辎、轴、轮、轨、轼、辕、轭”；(2)与车有关的动作行为，如“转、输、轧”；(3)与车有关的性状、声音等，如“轻、轰、辚”。

69 牙部

【古文字字形】 金 篆

【部中字举例】 邪鸦雅

yá　象形字。金文、小篆象牙齿对合、上下相错之形，隶定为“牙”，本义为磨牙（口腔后方两侧的大牙，也称槽牙），泛指牙齿。

作为部首，称牙部。

“牙”一般作音符构成形声字，如“芽、蚜、伢、岈、玡、呀、鸦、雅、讶、迓、砑、邪”。

70 戈部

【古文字字形】 甲 金 篆

【部中字举例】 戎戍戒或战戛戡戮

gē　象形字。甲骨文、金文、小篆象有长柄的戈形，隶定为“戈”，本义为古代的一种兵器。

作为部首，称戈部。

部中的字多与兵器和军事有关系，如“战、戮、戡、戍、戎、戒”。

71 比部

【古文字字形】  甲  金 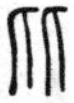 篆

【部中字举例】 毕皆毖毙琵

bǐ 表意字。甲骨文、金文象二匕紧密相并之形(匕为长柄浅勺),小篆字形稍变,隶定为“比”,本义表示邻并,靠得近,引申为密切、比较、依附等。

作为部首,称比部。

“比”一般作音符构成形声字,如“吡、妣、秕、毕、庇、毙、批、砒、纰、枇、琵、蚍、毗、屁”。

72 瓦部

【古文字字形】  篆

【部中字举例】 瓯瓴瓷瓶甄甑甓

wǎ 象形字。小篆象两片瓦相互扣合之形,隶定为“瓦”,本义为房顶所覆盖的片状建筑材料,用泥土烧制而成,引申为用泥土烧制成的(器物)。

作为部首,称瓦部。

部中的字大多与陶制器物有关系,如“瓶、瓷、瓯、瓴”。

“瓦”也作音符构成形声字,如“佤”。

73　止部

【古文字字形】  甲  金  篆

【部中字举例】 此步歧

zhǐ　象形字。甲骨文、金文、小篆象人的脚趾形，隶定为"止"，本义为脚，后作"趾"。引申为停止、禁止、截止等。

作为部首，称止部。

部中的字多与脚或走路有关系，如"此（本义为人所停留的地方）、步、歧（本义为歧路、岔道）"。

"止"也作音符构成形声字，如"址、芷、祉、趾、耻、齿、扯、企"。

74　攴（攵）部

【古文字字形】  甲 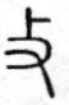 篆

【部中字举例】 收政故效教救敏敛敢散敌敞敷

pū　表意字。甲骨文、小篆从又（即手），象手持工具击打之形，隶定为"攴"或"攵"，本义为击打，引申为治理事务。

作为部首，称攴部；又因在常用字"敲"的右边，故也称敲字边。

附形部首"攵"是"攴"的变体，像"文"的反写，故称反文，俗称反文旁。

部中的字多与以手做事有关系，如"收、效、教、救、敛、敷"。

75 日(曰冃)部

【古文字字形】  甲1  金1  篆1

 甲2  金2  金3  篆2

 篆3

【部中字举例】 旦旱旭旱时昆昌明易春映星昨晖晨晚晴暑晾景暖暗冒冕

rì 象形字。甲骨文1、金文1、小篆1象太阳形,隶定为“日”,本义为太阳,引申为白天、一昼夜、某一天等。

作为部首,称日部。有的在字的左边,俗称日字旁;有的在字的下部,俗称日字底。

附形部首“曰”读 yuē,是表意字。甲骨文2、金文2从口,上加短横,表示言从口出,金文3、小篆2字形稍变,隶定为“曰”,本义为张口说话。“曰”的字形比“日”扁,故俗称扁日旁。

附形部首“冃”读 mào,小篆3象帽子形,本义为古代的一种帽子,后作“冒”,又作“帽”。“冒”是部中常用字,故称冒字头。

“曰”“冃”与“日”字形相近,故放在一个部。

部中的字大致可分为三类:(1)有的与太阳、天气有关,如“明、暗、晴、景、晖、旭、暑、暖、旱”;(2)有的与时间有关,如“早、晚、旦、春、时、昨”;(3)有的与帽子有关,如“冒(本义为帽子)、冕”。

76　贝(貝)部

【古文字字形】  甲  金  篆

【部中字举例】 财贩购贱贴贷贸费贺贼贿赂赃资赈赋赌赎赐赔赚赠

bèi　象形字。甲骨文、金文象海贝或贝壳形，小篆字形稍变，隶定为“貝”，本义为蛤螺等有壳软体动物的统称，引申为古代用贝壳做的货币。现简作“贝”，据草书楷化。

作为部首，称贝部。

部中的字大多与财物、买卖交易有关系，如“财、货、资、贿、赋、贵、贱、费、贩、购、贷、赎、贸、赚、赔、赌、赠、赐”。

“贝”也作音符构成形声字，如“狈、钡、呗、坝”。

77　水(氵氺)部

【古文字字形】  甲  金  篆

【部中字举例】 沓浆森汗江汤浅河泳泥沸波泽浇浊洗浑涛酒涉海浴流浪涌清混淮淡深涮湖湘游滚黎

shuǐ　象形字。甲骨文、金文、小篆象流动的水形，隶定为“水”，本义为河流，引申为江河湖海的总称、一种无色无味的液体等。

作为部首，称水部。

附形部首“氵”和“氺”都是“水”的变体。“氵”在字的左边,像三个水滴,故称三点水。“氺”在字的下部,故称水底。

部中的字多与水有关系,大致可分为五类:(1)水的名称,如“江、河、湖、海、淮、湘”;(2)水的性状,如“清、浊、混、浑、深、浅、淡”;(3)水的运动,如“流、涌、沸、滚”;(4)与水有关的动作,如“游、泳、涉、浴、洗、浇、涮”;(5)与水有关的事物,如“波、浪、涛、泽、汤、酒、汗、浆”。

78 见(見)部

【古文字字形】 甲  金1  金2  篆

【部中字举例】规觇览觉觌觎觐觑

jiàn 表意字。甲骨文、金文、小篆从儿(rén)从目,儿象人形,目象夸张的眼睛(一说甲骨文、金文象人跪坐睁眼之形),表示以目视之,隶定为“見”,本义为看到、看见。现简作“见”,据草书楷化。

作为部首,称见部。

部中的字多与视觉行为有关系,如“览、觇、觌、觐、觑”。

“见”也作音符构成形声字,如“舰、枧、笕、现、岘、苋、蚬、砚”。

79 牛(牜 ⺧)部

【古文字字形】 甲  金  篆

【部中字举例】 犁犟牡牤牦牧物牯牲特牺犊犒

niú　象形字。甲骨文、金文、小篆象长有两角的牛头形，隶定为“牛”，本义为一种牲畜，力大，能耕田、拉车。

作为部首，称牛部。

附形部首“牜”和“⺧”都是“牛”的变体。“牜”在字的左边，俗称牛字旁。“⺧”在字的上边，俗称牛字头。“告”是部中常用字，故称告字头。还有的在字的下边，俗称牛字底。

部中的字多与牛或牲畜有关系，如“犊（小牛）、牯（公牛）、牦（牛名）、牧（放牧）、犒（用牛羊猪肉和酒等慰劳军队）、犁（农具）”。

80　手（扌龵）部

【古文字字形】  金  篆

【部中字举例】 拳掌擎攀打扔扬扶找扯折抖拔抱拉拨拇持拾挑指掩推掀接掷提插握摇摘摔操擦拜看掰

shǒu　象形字。金文、小篆象五指伸开的手形，隶定为“手”，本义为人的手掌，引申为拿着、用自己的手去做。

作为部首，称手部。

附形部首“扌”和“龵”都是“手”的变体。“扌”在字的左边，末笔写成提，故称提手。“龵”在字的上边或左边。

部中的字多与手有关系，大致可分为两类：（1）手的部分，如“掌、拳、指、拇”；（2）手的动作，如“攀、擎、掰、拜、打、折、握、操、持、提、推、拾、掷、拨、拔、插、接、摇、扬、擦”。

81 气部

【古文字字形】  甲  金  篆

【部中字举例】 氕氚氛氡氢氩氧氣氨氲

qì 象形字。甲骨文、金文、小篆象流动的气体形，隶定为“气”，本义为云气。

作为部首，称气部。

部中的字多与云气、气体有关系，如“氛、氙、氲、氡、氨、氧”。

“气”也作音符构成形声字，如“汽、饩”。

82 毛部

【古文字字形】  金  篆

【部中字举例】 毡毳毯毽氅氇氆

máo 象形字。金文、小篆象兽毛形，隶定为“毛”，本义为兽毛，引申为毛发、羽毛或植物表皮上的丝状物等。

作为部首，称毛部。

部中的字多与兽毛、毛发有关系，如“毯、氅”。

“毛”也作音符构成形声字，如“牦、旄、髦、耄、毪、耗”。

83　长(長镸)部

【古文字字形】 甲 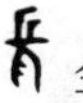金 古 篆

【部中字举例】 镻肆

cháng　表意字。甲骨文、金文、《说文》古文象生有一头长发的人形，隶定为“長”，本义为头发长，引申为长度大、时间久、长度等。现简作“长”，据草书楷化。

作为部首，称长部。

又读 zhǎng，引申为年纪大、辈分高、年纪大或辈分高的人、首领、生长等。

附形部首“镸”为“長(长)”的变体，是汉字偏旁或部件。“肆”是部中常用字，故称肆字旁。

“长”一般作音符构成形声字，如“张、帐、账、胀、伥、苌、怅、枨”。

84　片部

【古文字字形】 甲 篆

【部中字举例】 版牍牌牒牖

piàn　表意字。甲骨文、小篆从半木，表示把木头劈成两半，隶定为“片”，本义为分开，引申为用刀横割成薄片、平而薄的东西、不完全的等。

作为部首，称片部。

部中的字多与木板或木片有关系，如“版(本义为古代筑

墙所用的木板)、牌(写有标志的木板)、牍(古代书写用的木片)、牒(古代书写用的木片)”。

85　斤部

【古文字字形】甲 金 篆

【部中字举例】颀断斯新

jīn　象形字。甲骨文、金文、小篆象曲柄的斧形，本义为斧子，砍伐树木的工具或武器，假借为市制质量单位。

作为部首，称斤部。因多在字的左右，俗称斤字旁(边)。

部中的字多与斧子或砍有关系，如“断、斯(本义为劈开)、新(本义为砍柴，后作‘薪’)”。

“斤”也作音符构成形声字，如“近、靳、芹、欣、忻、昕、颀、祈、圻、沂”。

86　爪(爫)部

【古文字字形】甲 篆

【部中字举例】爬妥采觅爰舀爱奚舜爵

zhǎo　象形字。甲骨文、小篆象鸟类的脚趾形，隶定为“爪”，本义为鸟、兽的脚趾或趾甲，引申为人的手或指甲、器物下端的爪形部分。

作为部首，称爪部。

附形部首“爫”是爪的变体，在字的上边，故称爪头，俗称

爪字头。

部中的字有些与手、爪及其动作有关系，如“爬、采、舀”。

“爪”也作音符构成形声字，如“笊、抓”。

87　父部

【古文字字形】  甲  金  篆

【部中字举例】 爷斧爸釜爹爺

fù　表意字。甲骨文、金文象手持石斧之形（一说从又，象以手持杖之形，与“支”同），小篆字形稍变，隶定为“父”，本义表示工具斧子，后作“斧”。古代持斧劳作是男子的事，故引申为父亲。

作为部首，称父部。又因多在字的上边，故俗称父字头。

部中的字多与长辈男子有关系，如“爸、爹、爷”。

“父”也作音符构成形声字，如“斧、釜”。

88　月（⺼）部

【古文字字形】  甲  金 篆

【部中字举例】 肌肝肚肘肠肤肺肿胀肥胚胆胞胖朏胎脍胸脏脑朔朗脚脸期腊腌脾腕腰腹腿膝膘膳膙膻肾肴育臀臂

yuè　象形字。甲骨文、金文象月牙形，小篆字形稍变，隶定为“月”，本义为月亮，引申为形状像月亮那样圆的、时间

单位等。

作为部首，称月部。因多在字的左边，俗称月字旁。有些字左边的“月”本写作“⺼”，是“肉”的变体，称肉月。现在这两类字混淆无别。

附形部首“⺝”也是“肉”的变体，在字的下边，因“青”是部中常用字，故称青字底。

部中的字大致可分为五类：(1)与月亮、时间有关的，如“朗(明亮)、朦、胧(朦胧指月色不明亮)、朏(农历初三、初四时不明亮的月光)、朔(月相名，农历每月初一，月球运行到太阳和地球之间，从地球上看不到月光)、期(约定的时日)”；(2)指人和动物的肢体、器官等，如“臂、腿、脚、膝、胸、臀、脸、腹、脏、肚、腰、肝、肺、肾、脾、肠、胆、脑、肌、肤”；(3)指肉体、后代、生育等，如“胚、胎、胞、育”；(4)肥瘦、病变、气味等，如“肥、胖、肿、胀、脓、臊、膻”；(5)指有关肉食方面的，如“脍、膳、肴(本义为做熟的鱼、肉类)、腊、腌”。

“月”也作音符构成形声字，如“刖、钥”。

89　氏部

【古文字字形】 甲 金1 金2 篆

【部中字举例】 氏帋昏

shì　造字本义未详。一说象勺形，是“匙”的本字，后来字形稍变，隶定为“氏”。假借为古代同姓贵族的不同分支。古代称呼已婚妇女，常于其父姓之后加“氏”，如“李氏”。

作为部首,称氏部。

“氏”一般作音符构成形声字,如“舐、纸、抵、芪”。

90　欠部

【古文字字形】  甲  金  篆

【部中字举例】 欤欧欬欷歇歌歔

qiàn　表意字。甲骨文、金文象人张嘴打哈欠之形,小篆字形稍变,隶定为“欠”,本义表示人疲倦而打哈欠,引申为缺乏。

作为部首,称欠部。

部中的字多与张嘴的动作、气息有关系,如“歌(歌唱)、欧(本义为歌唱)、歇(喘气休息)”。

“欠”也作音符构成形声字,如“芡、砍、坎、软”。

91　风(風)部

【古文字字形】  甲 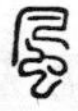 篆

【部中字举例】 飏飓飕飖飗飘飙

fēng　形声字。最初假借“鳳(凤)”表示风,小篆误作从虫,凡声,后来习非成是,隶定为“風”,本义为空气流动现象,引申为像风那样迅速。现依据俗字简作“风”。

作为部首,称风部。

部中的字多与刮风有关系,如“飏、飘、飕、飓、飙”。

“风”也作音符构成形声字，如“疯、枫、砜、讽”。

92　殳部

【古文字字形】  甲1  甲2  金  篆

【部中字举例】 殴段般殺殺毁殿毅

shū　表意字。甲骨文、金文象手持锤、棒类兵器或器具之形，小篆字形稍变，隶定为“殳”，本义为古代一种兵器。

作为部首，称殳部；也称设字边，因“设”字含有此部件，故名。

部中的字多与手拿兵器、打击等义有关系，如“殺（杀）、殴、段（本义为锤击）、毁”。

“殳”也作音符构成形声字，如“股、投、骰”。

93　文部

【古文字字形】  甲  金  篆

【部中字举例】 刘吝斋紊斌斓

wén　象形字。甲骨文、金文象胸前画着或刺有花纹的人形，小篆字形把花纹简省，隶定为“文”，本义为文身，在人体皮肤上绘制或刺画上图案、文字，引申为花纹、文字。

作为部首，称文部。

部中的字多与花纹、文采有关系，如“斌、斓”。

“文”也作音符构成形声字，如“纹、蚊、雯、汶、坟、紊”。

94　方部

【古文字字形】  甲1  甲2  金1  金2  篆

【部中字举例】 邡放施旄旅旌族旋旗

fāng　象形字。甲骨文、金文象耒形，小篆字形稍变，隶定为“方”，本义为古代一种农具，与耒相似，用于掘地。假借为方向。

作为部首，称方部。因多在字的左边，俗称方字旁。

部中的字多以“㫃”为意符，“㫃”像旗帜飞扬的样子，故与旗帜有关系，如“旄、旌、旗、族(箭汇集于旗帜之下，表示聚居而有血统关系的人群)”。

“方”也作音符构成形声字，如“芳、邡、枋、钫、防、妨、肪、房、坊、鲂、仿、访、纺、舫、放、彷”。

95　火(灬)部

【古文字字形】  甲  篆

【部中字举例】 灰灶灼炬炒炊炕炎炉烂烤烧烟烫焰煤热照煎熟

huǒ　象形字。甲骨文、小篆象物体燃烧时产生的火焰形，隶定为“火”，本义为火焰，引申为燃烧、火灾。

作为部首，称火部。多在字的左边，俗称火字旁。

附形部首“灬”是“火”的变体，由四点组成，多在字的下部，故称横四点。

部中的字多与火有关系，大致可分为三类：(1)与火有关的事物，如“炬、焰、灰、烟、煤、灶”；(2)与火有关的动作，如“烧、烤、炒、煎”；(3)与火有关的性状，如“灼、烂、热、熟、炎”。

“火”也作音符构成形声字，如“伙、钬”。

96　斗部

【古文字字形】  甲  金  篆

【部中字举例】 斜斝斟斠

dǒu　象形字。甲骨文、金文、小篆象长柄的勺形，隶定为“斗”，本义为古代舀取酒等液体的器具，引申为量器、计量单位、星名等。

作为部首，称斗部。

部中的字多与酒器或量器有关系，如“斟(本义为用勺舀取)、斜(本义为用勺舀水)、斝(温酒器)、斠(量米时刮平斗、斛的器具)”。

“斗”也作音符构成形声字，如“抖、蚪”。

“斗”又读 dòu，是“鬥”的简化字。“鬥”也是部首。

97　户部

【古文字字形】 甲 篆

【部中字举例】启所戾肩房扁扇扈扉雇

hù 象形字。甲骨文、小篆象单扇门形，隶定为“户”，本义为单扇的门，多指内室的门，引申为房屋的出口、家庭单位等。

作为部首，称户部。多在字的左上部，俗称户字头。

部中的字多与门和房屋有关系，如“扉、扇、启(本义为开门)、房”。

“户”也作音符构成形声字，如“护、沪、戽、扈、雇、妒、炉、芦、庐、驴”。

98 心(忄⺗)部

【古文字字形】 甲1  甲2  金1  金2  篆

【部中字举例】忘态忠怒恶恩惠想愚愁慈慰怀忧怅性怜恨悔悦情惧惆悴惰愧慨慎慷憔憎懒懈懦忝恭

xīn 象形字。甲骨文、金文象心脏形，小篆字形稍变，隶定为“心”，本义为心脏，引申为思维的器官(古人这样认为，相当于“脑”)、思想或感情、中央的部位等。

作为部首，称心部。

附形部首“忄”和“⺗”都是“心”的变体。在字的左边时一般写作“忄”，像竖起来的心，故称竖心，俗称竖心旁。在字的底部有时写作“⺗”，因“恭”是部中常用字，故称恭字底。

部中的字多与心有关系，大致可分为三类：(1)与心有关

的事物，如“性、情、态、恩、惠”；(2)与心有关的性状，如“忠、恭、慈、慎、愚、恶、懦、惰、懈、懒、慷、慨、惆、怅、憔、悴”；(3)与心有关的动作，如“想、怀、忘、悔、恨、忧、愁、愧、憎、怒、怜、悦、慰、惧”。

“心”也作音符构成形声字，如“芯、沁、吣”。

99 毋(母)部

【古文字字形】甲 金 篆1
篆2

【部中字举例】每毑𣫭毓

wú 表意字。小篆2由“母”分化而成，隶定为“毋”，本义为副词，不要，表示禁止。

作为部首，称毋部。

附形部首“母”读 mǔ，是象形字，甲骨文、金文由“女”分化而成，象女人形，胸部加两点表示乳房，小篆1字形稍变，本义为母亲。

“母”与“毋”字形相近，故放在一部。

部中的字多与母亲有关系，如“毑(母亲)、𣫭(母的，雌性的)、毓(生育，养育)”。

“母”也作音符构成形声字，如“姆、拇、坶”。

100　示(礻)部

【古文字字形】  甲1  甲2  甲3  篆

【部中字举例】 祟祭禁礼社祀祃祈祇祊祐神祝祔祠祯祧祥祷祸祺禅禄福禘禧

shì　象形字。甲骨文1象木表或石柱形，甲骨文2、甲骨文3和小篆字形稍变，在上边或和左右增加点画作为装饰符号，隶定为“示”，本义为神主，古代为死去的君主、诸侯立的牌位，以供祭祀。引申为天所显示出来的代表吉凶祸福的某种征象，又引申为显示，使人知道。

作为部首，称示部。

附形部首“礻”是“示”的变体，在字的左边，称示旁，俗称示字旁或示补儿。

部中的字多与祭祀鬼神以求福佑有关系，大致可分为四类：(1)祭祀的名称，如“祊、祔、禘、祃”；(2)鬼神的名称，如“社、祇、神”；(3)祭祀的仪式、场所，如“祭、祀、祈、祝、禅、祷、祠、祧”；(4)吉凶、祸福等，如“祥、禄、福、禧、祯、祺、祐、祸、祟(本义指鬼神带来的灾祸)”。

“示”也作为音符构成形声字，如“视、祁”。

101　甘部

【古文字字形】  甲  金  篆

【部中字举例】 邯某甞澘

gān　表意字。甲骨文、金文、小篆从口，中加一短横表示口里所含之物，隶定为“甘”。甘美之物是人所爱含的东西，故本义为美味。引申为甜、甜美的。

作为部首，称甘部。

“甘”一般作音符构成形声字，如“柑、坩、泔、苷、疳、绀、酣、蚶、邯、钳”。

102　石部

【古文字字形】  甲  金  篆

【部中字举例】 矾矿砆砖砂砚砭砰砧砥硬硝碔碓碑硼磅磬磺磲

shí　象形字。甲骨文、金文、小篆象山崖下有石块之形，隶定为“石”，本义为岩石。

作为部首，称石部。有的在字的左边，俗称石字旁；有的在字的下边，俗称石字底。

部中的字大致可分为四类：(1)次于玉的美石，如“砆、碔、磲”；(2)石制工具、石料等，如“砭、砧、砥、砚、碓、碑、磬”；(3)矿物名，如“硝、磺、矾”；(4)拟声词，表示声音，如“砰、磅、硼”。

“石”也作音符构成形声字，如“炻、祏、跖、硕、拓、柘”。

103　龙（龍）部

【古文字字形】 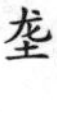 甲 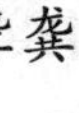 金 篆

【部中字举例】 垄砻聋龚袭

lóng　象形字。甲骨文、金文象有角、大口、长身、蜷体的一种怪兽形，即古代传说中的龙，小篆字形稍变，隶定为“龍”，本义为一种神异的动物，引申为皇帝或皇权的象征、出众的人才等。现简作“龙”。

作为部首，称龙部。

“龙”一般作音符构成形声字，如“咙、笼、聋、泷、茏、栊、珑、胧、砻、拢、垅、垄、陇、宠、庞”。

104　业部

【古文字字形】  金  篆

【部中字举例】 邺凿凿黻黼

yè　“业”来源于“業”的上部。“業”是象形字，金文、小篆象悬挂钟鼓的木架形，本义为古代乐器架上装饰用的大版，引申为书册的版。现简作“业”，选取原字上边的部件。

作为部首，称业部。

“业”可作音符构成形声字，如“邺”。

105　目部

【古文字字形】  甲 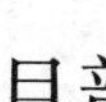 金 篆

【部中字举例】 盯盲盼眨眉眠眶睁眯眼眸睛睹睡睬瞎瞥瞳瞩瞻

mù　象形字。甲骨文、金文象人的眼睛形，小篆为便

于书写，把横体改为竖体，隶定为“目”，本义为眼睛，引申为以目示意、看。

作为部首，称目部。多在字的左边，俗称目字旁；有的在字的下边，俗称目字底。

部中的字大致可分为两类：(1)与视觉器官有关，如“眼、眶、眸、睛、瞳、眨、盲、瞎”；(2)与视觉有关，如“盯、睹、瞥、瞻、瞩、眠、睡”。

“目”也作音符构成形声字，如“苜、钼”。

106 田部

【古文字字形】  甲1  甲2  金  篆

【部中字举例】 町男畎畏胃界思畛畔留畦略畴畯畸畹

tián 象形字。甲骨文、金文、小篆象长方或方块田地形，外围的方框象田界，中间的十字象田埂或路径，隶定为“田”，本义为耕种用的土地，引申为耕种(后作“佃”)、在田野中打猎(后作“畋”)等。

作为部首，称田部。多在字的左边，俗称田字旁；有的在字的下边，俗称田字底。

部中的一些字大致可分为两类：(1)与农田、耕种有关，如“畔、町、畛、畦、畴、畯、男(古代在田里耕作的为男人)”；(2)与疆土、行政区划有关，如“略、界”。

“田”也作音符构成形声字，如“畋、佃、甸、钿”。

107　罒部

【古文字字形】 甲1  甲2  金

 籀  篆

【部中字举例】罗罘罚罢罟罝罣署置罨罪罩罹羁羅

wǎng　象形字。甲骨文、金文、《说文》籀文、小篆象捕捉鱼、鸟或野兽的网形，中间有绳索编织的网孔，隶定为“网”，本义为捕捉鱼、鸟或野兽的网，引申为用网捕捉。后作“網”。现把“網”简作“网”，采用本字。

作为部首，称罗字头，因“罗”是部中常用字，故名。

部中的字多与网具有关系，大致可分为两类：(1)各种网具、罩具，如“罘(捕兔网)、罝(捕兔网)、罟(捕鱼或鸟兽的网)、罩、羅(罗)”；(2)指悬挂、张开、扣住、惩治等动作，如“罣(挂)、罨、罹、羁、罪”。

108　皿部

【古文字字形】 甲  金  篆

【部中字举例】盂盅盈盏盐盍监益盔盛盗盟盥

mǐn　象形字。甲骨文、金文、小篆象盛食物的器具形，大口，下有圈足，隶定为“皿”，本义为器皿，泛指碗、盘、杯、

盆等。

作为部首，称皿部。多在字的下边，俗称皿字底或皿墩儿。

部中的字多与盛物的器具有关系，可分为两类：(1)器皿名，如“盂、盅”；(2)表示与器物有关的动作或状态，如“盥(在盆中洗手)、盈(器皿盛满、充满)、益(器皿里的水溢了出来)、盟(本义为把牲畜的血盛于盘中，饮血宣誓)”。

109　生部

【古文字字形】  甲  金  篆

【部中字举例】 眚甡產甦甥

shēng　表意字。甲骨文、金文、小篆象草木从土地中长出之形，隶定为“生”，本义为草木生长，引申为出生、产生等。

作为部首，称生部。

部中字有的与生出、生长有关系，如“產(产)、甦”。

“生”也作音符构成形声字，如“牲、甥、笙、眚、胜、性、旌”。

110　矢部

【古文字字形】  甲  金  篆

【部中字举例】 知矩矫短矬矮矰矱

shǐ　象形字。甲骨文、金文、小篆象一支有箭头、箭杆的箭形，隶定为“矢”，本义为箭。

作为部首，称矢部。

部中字多与箭或短小、矮有关系，如“矰(系有丝绳的箭)、矫(本义为矫正箭杆使直)、短、矮、矬”。

“矢”也作音符构成形声字，如“知、雉”。

111　禾部

【古文字字形】  甲  金  篆

【部中字举例】 利秀秆和季种秋科秤租秧称秸移稀税稠稻稼穗

hé　象形字。甲骨文、金文、小篆象长穗下垂的谷类植物形，中象长有叶子的禾茎，上象下垂的禾穗，下象禾的根部，隶定为“禾”，本义为谷子，也指谷穗，泛指庄稼。

作为部首，称禾部。多在字的左边，与“木”字形相近，故俗称禾木旁。

部中的字多与农作物有关系，如“稼、稻、秧(禾苗)、稀(本义为禾苗稀疏)、稠(本义为禾苗多而密)、穗、秀(谷类植物抽穗开花)、秸、秆、秋(本义为谷物成熟)、季(本义为初生的禾苗)、租、税”。

“禾”也作音符构成形声字，如“和、龢”。

112　白部

【古文字字形】  甲  金  篆

【部中字举例】皂帛的皇泉皑皎皓皖皙

bái　表意字。甲骨文、金文象米粒形，米粒色白，本义为白色。一说是象形字，象大拇指形，本义为拇指，引申为伯仲、王伯的“伯”，假借为白色。

作为部首，称白部。有的在字的左边，俗称白字旁；有的在字的下边，俗称白字底。

部中的字多与白色、明晰有关系，如“皎、皓、皙、的（本义为白色）、皖（洁白）”。

“白”也作音符构成形声字，如“柏、拍、怕、帕、伯、泊、舶、迫、珀、粕、帛、魄”。

113　瓜部

【古文字字形】金 篆

【部中字举例】瓞瓠瓢瓤

guā　象形字。金文、小篆象藤蔓上结有瓜果之形，隶定为“瓜”，本义为蔓生植物所结的果实，也指这类植物。

作为部首，称瓜部。

部中的字多与瓜有关系，如“瓠（瓠瓜，像葫芦）、瓢（葫芦瓜剖开而成）、瓤（瓜瓤）”。

“瓜”也作音符构成形声字，如“呱、孤、弧、狐”。

114　鸟(鳥)部

【古文字字形】  甲  金  篆

【部中字举例】 鸠鸥鸭鸯鸳鸽鹃鹅鹊鹞鹤鹭鹳

niǎo　象形字。甲骨文、金文、小篆象鸟形，隶定为“鳥”，本义为飞禽。现简作“鸟”，据草书楷化。

作为部首，称鸟部。多在字的左右，俗称鸟字旁（边）；有的在字的下边，俗称鸟字底。

部中的字多与鸟类有关系，如“鸠、鸽、鹊、鹤、鹞、鹭、鸥、鸵、鸭、鹅、鸳、鸯”。

“鸟”也作音符构成形声字，如“茑、袅、岛”。

115　疒部

【古文字字形】  甲 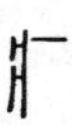 篆

【部中字举例】 疗疙疯疤病疼疲痊痒痕痪痛痱瘩瘦瘫癌

nè　表意字。甲骨文象人卧病在床之形，小篆字形有简省，隶定为“疒”，本义为疾病。

作为部首，称病字框，因“病”是部中常用字，故称。

部中的字大多与疾病有关系，如“疤、疙、疼、痛、痒、瘩、痱、癌、瘫、痪、疲、瘦、疯、疗”。

116 立部

【古文字字形】  甲  金  篆

【部中字举例】 妾竖飒站竞竦童竣靖竭端

lì 表意字。甲骨文、金文、小篆象人正面站立于地面上之形，隶定为“立”，本义为站立不动，引申为使直立、建立、制定等。

作为部首，称立部。多在字的左边，俗称立字旁。

部中的字多与站立有关系，如“站（人站立）、竖（直立的样子）、端（本义为人站得直）、竦（本义为踮起脚跟站着）、靖（本义为站着不动）”。

“立”也作音符构成形声字，如“粒、笠、泣、翌、翊、拉、垃、砬、飒”。

117 穴部

【古文字字形】  篆

【部中字举例】 究穷空帘穹突穿窃窄窜窝窖窗窘窥窠窟窿

xué 象形字。小篆象可供居住的岩洞或挖地建造的土室形，隶定为“穴”，本义为上古人类居住的岩洞或土室，引申为窟窿、墓坑、动物的窝等。

作为部首，称穴部。多在字的上边，像宝盖，故俗称穴宝盖。

部中的字多表示孔洞、空旷、狭窄等义，如“穹、窗、窖、窠、窝、窟、窿、空、穿、突、窜、窄、窘、窥”。

118　疋(⻊)部

【古文字字形】  甲1  甲2  金  篆

【部中字举例】 胥疍蛋楚疐疎疏

shū　象形字。甲骨文、金文象足形，小篆字形稍有变化，隶定为“疋”。本义为脚。

作为部首，称疋部。

附形部首“⻊”是“疋”的变体，用在字的左边。

“疋”一般作音符构成形声字，如“胥、楚”。

119　皮部

【古文字字形】  金  籀  篆

【部中字举例】 皱皰皲颇皴

pí　表意字。金文从又，又为手，象手持工具剥取兽皮之形，小篆字形稍变，隶定为“皮”，本义为剥取的兽皮，引申为皮革、包在外面的一层东西等。

作为部首，称皮部。

部中的字多与皮肤有关系，如“皱、皲、皴、皰(疱)”。

“皮”也作音符构成形声字，如“疲、铍、披、彼、陂、被、帔、波、玻、跛、坡、颇、破”。

120　癶部

【古文字字形】  篆

【部中字举例】 癸登發

bō　表意字。小篆象左右两足分张之形，表示行走的脚步不正，隶定为“址”或“癶”，本义为行走时脚步不正。

“癶”作为部首，在字的上边，“登”是部中常用字，故称登字头。

121　矛部

【古文字字形】  金  篆

【部中字举例】 柔矜務矠矞矠蟊

máo　象形字。金文象长矛形，小篆字形稍有讹变，隶定为“矛”，本义为长矛，一种旧式兵器。

作为部首，称矛部。

部中的字多与长矛有关系，如“矜（本义为矛柄）、矠（刺）、矞（本义为以锥穿物）、矠（矛类）”。

“矛”也作音符构成形声字，如“茅、蟊、袤”。

122　聿部

【古文字字形】  金  篆

【部中字举例】耕耘耖耗耙耦耧

lěi　象形字。金文象耒形，并添加意符又（即手），小篆字形有讹变，隶定为“耒”，本义为古代一种翻土农具。

作为部首，称耒部。

部中的字多与农具、耕作有关系，如“耙、耖、耧、耕、耘”。

“耒”也作音符构成形声字，如“诔”。

123　老（耂）部

【古文字字形】甲 金 篆

【部中字举例】耆耄耋考孝者

lǎo　象形字。甲骨文象一头长发的老人倚杖而立之形，金文、小篆字形稍变，隶定为“老”，本义为年岁大的人，引申为年岁大、时间久等。

作为部首，称老部。

附形部首“耂”是“老”的省体，称老省，俗称老字头。

部中的字多与年龄大有关系，如“考（本义为老，年纪大）、耆、耄、耋”。

“老”也作音符构成形声字，如“佬、姥、栳、铑”。

124　耳部

【古文字字形】甲 金 篆

【部中字举例】耵耶取耻耿耽聂职聃聆聊聍聒聩聪

聲聰聽

ěr　象形字。甲骨文、金文、小篆象耳朵形，隶定为“耳”，本义为耳朵。

作为部首，称耳部。

部中的字多与耳朵有关系，大致可分为两类：(1)耳朵或耳朵的形状，如“耽、聃”；(2)听、听觉、声音等，如“聆、聽(听)、聪、聩、聲(声)、聒”。

“耳”也作音符构成形声字，如“饵、洱、珥、铒、佴、弭”。

125　臣部

【古文字字形】  甲  金  篆

【部中字举例】 卧臥𦣞頣臨

chén　表意字。甲骨文、金文象一只竖着的眼睛形，人低头时眼睛便处于竖立的角度，表示打了败仗而俯首屈服、甘当奴隶的俘虏，小篆字形稍变，隶定为“臣”，本义为战俘，引申为男奴隶。因古代臣或民与君主的关系如同奴仆与主子一样，故又引申为君主制时代的官吏或平民百姓。

作为部首，称臣部。

部中的字多与眼睛有关系，如“卧(人侧卧休息时眼睛竖立)、𦣞(用两个眼睛相反表示违背)、頣(抬头看人的样子)、臨(临，本义为低头俯视)”。

126　覀(襾西)部

【古文字字形】  篆 1

 甲  金  古  篆 2

【部中字举例】 要栗贾票覃粟覆

yà　表意字。小篆 1 象一物覆盖着另一物之形，隶定为“襾”或“覀”，本义为覆盖。

附形部首“西”读 xī，是表意字。甲骨文、金文、《说文》古文象鸟巢形，小篆 2 字形稍变，在鸟巢上加了一个简省的鸟形，本义为鸟归巢栖息，后作“棲”或“栖”。引申为西方，太阳落下的方向。“西”和“覀”字形相近，故放在一个部。

“覀”作为部首，在字的上边，“要”是部中常用字，故称要字头，俗称西字头。

“西”也作音符构成形声字，如“牺、硒、舾、粞、茜、栖、洒、晒、哂”。

127　而部

【古文字字形】  甲  金  篆

【部中字举例】 耐耏耍恧鸸

ér　象形字。甲骨文、金文、小篆象颔下胡须形，有的在上部加一短横作装饰，隶定为“而”，本义为胡须，假借为连词，相当于“和，又”。

作为部首，称而部。

部中的字有的与胡须有关系，如“耏、耐（本义同“耏”，古代剃去面颊胡须的轻度刑罚）”。

“而”也作音符构成形声字，如“陑、鸸、鲕”。

128 页（頁）部

【古文字字形】  甲  金  篆

【部中字举例】 顶顺颀顾顿颁颂预颅领颈频颓颌题颜额

yè 象形字。甲骨文、金文、小篆象人形，特别突出头部，隶定为“頁”，本义（古读 xié）为人的头部，是“首”的分化字。假借为书籍或报刊等的篇或张，由此引申为量词，用于书籍、报刊等用纸的一张或一张纸的一面。现简作“页”，据草书楷化。

作为部首，称页部。因多在字的右边，俗称页字边。

部中的字多与头部、头的动作等有关系，如“顶（头顶）、颅、额、颁（本义为大头）、颓（本义为头秃）、颜（本义为两眉之间）、颈、颌（本义为脸面发黄）、顿（本义为磕头）”。

129 至部

【古文字字形】  甲  金  篆

【部中字举例】 到郅致臻

zhì 表意字。甲骨文、金文从矢，下边一横指地面，象箭矢自远方射来落地之形（一说下边的横指箭矢所到达之处），小篆字形稍变，隶定为“至”，本义表示来到、到达。

作为部首，称至部。

部中的字多与到达义有关系，如“到、致、臻”。

“至”也作音符构成形声字，如“致、窒、郅、桎、轾、蛭、侄、室、垤、耋”。

130 虍（虎）部

【古文字字形】  甲1  篆1

 甲2  金  篆2

【部中字举例】 虏虐虔虑虚虖虓彪䖑甝號虦虤

hū 象形字。甲骨文1、小篆1象虎头形，本义与“虎”同。

附形部首“虎”读 hǔ，是象形字，甲骨文2、金文、小篆2象老虎形，隶定为“虎”，本义为一种哺乳动物，性凶猛。

部首虍像虎头，故称虎字头。

部中的字多与老虎有关系，大致可分为三类：（1）虎名，如“䖑、甝、虦”；（2）虎吼声，如“虓、虖”；（3）虎的样子、性情、动作等，如“彪（虎身上的斑纹）、虔（虎行走的样子）、虤（虎发怒的样子）”。

“虍（虎）”也作音符构成形声字，如“虏、虖、唬、琥”。

131　虫部

【古文字字形】  甲  金1  金2  篆

【部中字举例】 虹虾虻蚁蚤蚌蚣蚊蚓蚺蚯蛇蛰蛛蜓蛟蜈蜂蜕蜥蜴蝇蜘蜷蜿螂蟒蝗蟋蟀

huǐ　象形字。甲骨文、金文象蛇形,小篆字形有变化,本义为一种较小的毒蛇,后作“虺”。

又读 chóng,本义为昆虫,泛指动物。现为“蟲”的简化字。

作为部首,称虫部。多在字的左边,俗称虫字旁;有的在字的下边,俗称虫字底。

部中的字多与蛇、昆虫、甲介类小动物及其动作等有关系,如“蛇、蚺、蟒、蛟、蜥、蜴、虻、蚤、蚌、蚊、蝇、蜂、蚯、蚓、蜈、蚣、蜘、蛛、蟋、蟀、蝗、螂、蜕、蜷、蛰、蜿、蜓”。

“虫”也作音符构成形声字,如“融”。

132　肉部

【古文字字形】  甲  篆

【部中字举例】 胬脔臀

ròu　象形字。甲骨文、小篆象一块肉形,隶定为“肉”,本义为供食用的禽兽的肉,引申为人的肌肉。

作为部首,称肉部。

部中的字多与人和动物的肢体、肉食等有关系,如“臀

(臀)、胬(中医指眼结膜增生而凸起的肉状物)、脔(切成小片的肉)”。

133　缶部

【古文字字形】甲 金 篆

【部中字举例】缸缺罂罄罅罐

fǒu　形声字。甲骨文、金文、小篆下象器皿形,午声,隶定为“缶”,本义为古代一种盛酒浆等的器皿,多为瓦制,引申为古代一种瓦质打击乐器。

作为部首,称缶部。

部中的字多与陶器有关系,大致可分为两类:(1)指各种陶器,如“缸、罂、罐”;(2)指陶器破裂或中空等,如“缺、罅、罄”。

134　舌部

【古文字字形】甲1 甲2 金 篆

【部中字举例】乱刮敌舐甜鸹辞舔

shé　象形字。甲骨文、金文、小篆象舌头自口中向外伸出之形,有的两旁加有小点,代表唾沫,隶定为“舌”,本义为舌头。说话时舌头要动,故引申为言语。

作为部首,称舌部。

部中的字多表示舌头的动作、滋味、言语等,如“舐、舔、甜、辞”。

135　竹(⺮)部

【古文字字形】  甲 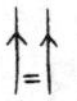 金  篆

【部中字举例】 竺笃笔笋笼笛答筑筏筠筱筷節箍算箫箱篁箭

zhú　象形字。甲骨文、金文、小篆象竹的枝叶形，隶定为“竹”，本义为竹子，一种常绿植物，引申为竹简（古代用来写字的竹片，也指上边写有字的竹片）、竹制管乐器（如管、笛）等。

作为部首，称竹部。

附形部首“⺮”是“竹”的变体，在字的上边，称竹头，俗称竹字头。

部中的字多与竹子有关系，大致可分为四类：(1)竹的品种，如“竺、筱、篁”；(2)竹的根节、皮等，如“節（节）、筠、笋”；(3)竹制品，包括工具、生活器物、乐器、兵器等，如“筏、箱、笼、筷、笔、笛、箫、箭”；(4)以竹制品为工具而从事的行为，如“答、箍、算”。

“竹”也作音符构成形声字，如“竺、笃、筑”。

136　臼(𦥑)部

【古文字字形】  篆1  篆2

【部中字举例】 兒舀舁舂舅

jiù　象形字。小篆1象中间凹下的圆石器形，古代用于

舂米，隶定为“臼”，本义为舂米的器具。

作为部首，称臼部。

附形部首“𦥑”读 jú，是表意字，小篆 2 象两只手相向捧物之形，多作为构字部件。“𦥑”与“臼”字形相近，故放在一个部。

部中的字有两个来源：(1)与舂米的器具有关，如“舂”；(2)与两手的动作有关，如“舁(两人共同抬东西)”。

“臼”也作音符构成形声字，如“舅、桕”。

137　自部

【古文字字形】  甲  金  古  篆

【部中字举例】 臬臭息臯

zì　象形字。甲骨文、金文、《说文》古文、小篆象鼻子形，隶定为“自”。本义为鼻子，后作“鼻”。引申为代词，指本人，相当于“自己”。

作为部首，称自部。

部中的字多与鼻子有关系，如“臭(本义为用鼻子闻，辨别气味)、息(本义为用鼻子呼吸)”。

138　血部

【古文字字形】 甲 金 篆

【部中字举例】 卹衄衅衈衊

xuè　象形字。甲骨文、金文、小篆象器皿中盛有血滴之形，隶定为“血”，本义为用作祭品的牲血，泛指血液。

作为部首，称血部。

部中的字多与血、祭祀等有关系，如“衄、衈、衅”。

“血”也作音符构成形声字，如“恤、洫”。

139　舟部

【古文字字形】  甲  金1  金2  篆

【部中字举例】 舢舰舱般航舫盘舶船舷舵艇艄艘

zhōu　象形字。甲骨文、金文、小篆象小船形，隶定为“舟”，本义为船。

作为部首，称舟部。多在字的左边，俗称舟字旁。

部中的字多与船有关系，大致可分为两类：(1)各种船，如“船、舶、舢、艇、舰、舫”；(2)船体的一部分、行船等，如“舵、舷、舱、艄、航”。

140　色部

【古文字字形】 金  篆

【部中字举例】 艳艴艶

sè　金文从爪从卩，小篆讹变为从人从卩，造字本义未详。一说小篆是表意字，象一立一跪的两个人，表示立着的人在满脸怒色地训斥跪着的人，隶定为“色”，本义为脸上的

神情、气色，引申为颜色。

作为部首，称色部。

部中的字多与脸色、颜色有关系，如“艳、艴”。

“色”也作音符构成形声字，如“铯”。

141　齐(齊)部

【古文字字形】 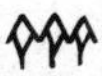 甲  金1  金2  篆

【部中字举例】 剂斋齋

qí　表意字。甲骨文、金文1象众多的麦子一块儿吐穗之形，金文2、小篆字形稍有增繁，隶定为“齊”，本义表示整齐一致，引申为达到一样的高度、使一致等。现简作“齐”，据草书楷化。

作为部首，称齐部。

“齐”一般作音符构成形声字，如“脐、蛴、跻、挤、济、剂、荠、霁、鲚、侪”。

142　衣(衤)部

【古文字字形】  甲  金  篆

【部中字举例】 袋袈裂装袤裔裟裳补初衬衫袄袜袒袖袍被裤裙褪褥襟

yī　象形字。甲骨文、金文、小篆象上衣形，有衣领、衣袖和左右掩覆的衣襟，隶定为“衣”，本义为上衣，泛指衣服

（包括上衣和下衣）。

作为部首，称衣部。

附形部首“衤”是“衣”的变体，在字的左边，称衣旁，俗称衣字旁或衣补儿。

部中的字多与衣服或布制品有关系，大致可分为三类：(1)衣服的部分、种类、样式，如“裘、裳、袖、襟、衬、衫、袍、裙、袄”；(2)布制品，如“被、褥、袋”；(3)与衣服或布制品有关的动作，如“补、褪、袒、装”。

“衣”也作音符构成形声字，如“依、铱、裔”。

143 羊(⺶⺷)部

【古文字字形】  甲 1  甲 2  金 1  金 2  篆

【部中字举例】 群羌差羚羞羚翔羶美姜羔恙盖羡義羲羹

yáng 象形字。甲骨文 1、金文 1 象突出两角的羊头正面形，甲骨文 2、金文 2、小篆字形稍变，隶定为“羊”，本义为一种哺乳动物。

作为部首，称羊部。多在字的左右，俗称羊字旁(边)。

附形部首“⺶”和“⺷”都是“羊”的变体，在字的上边，俗称羊字头。“美”是部中常用字，故又把“⺷”称为美字头。

部中的字大多可分为三类：(1)羊的种类，如“羔、羒、羚”；(2)食品、气味等，如“羞(进献食品)、羹、羶(膻)”；(3)指观念(多为好的观念)或行为，如“美、義(义)、羨(贪馋美味)、

群(聚集在一起)”。

“羊”也作音符构成形声字,如“洋、佯、徉、烊、蛘、痒、氧、样、恙、详、祥、翔、庠、姜”。

144 米部

【古文字字形】  甲  篆

【部中字举例】 类籽娄敉粉料粗粒粜粳粮粱精粹粽糊糙糖糕糟糠糯

mǐ 象形字。甲骨文、小篆象很多米粒形,中为谷梗,隶定为“米”,本义为粮食作物的籽实。

作为部首,称米部。多在字的左边,俗称米字旁;有的在字的下边,俗称米字底。

部中的字多与粮食有关系,大致可分为四类:(1)粮食的类别,如“粮、粱、粳、糯”;(2)粮食加工品和余料,如“粒、籽、糕、粽、糊、糖、糟、糠、料”;(3)由粮食的精粗引申指物质的优劣、纯杂,如“精、粗、粹、糙”;(4)与粮食有关的交易买卖,如“粜”。

“米”也作音符构成形声字,如“敉、咪、眯、迷、糜”。

145 聿(⺻肀⺺聿)部

【古文字字形】 甲 金1 篆1  金2 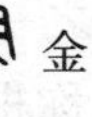 篆2

【部中字举例】肄肇肃肅書晝畫

yù 象形字。甲骨文、金文1、小篆1象手中执持笔之形，隶定为“聿”，本义为笔，写字的工具。后作“筆”，现简作“笔”。

作为部首，称聿部；也称律字边，因“律”字含有此部件，故名。

附形部首“⺻”和“⺺”都是“聿”的省体。

部中有的字与笔有关系，如“書(书)”从聿者声，本义为书写。“畫(画)”象以手持笔描绘图案或田界之形，本义为画图或划分界线。

“聿”也作音符构成形声字，如“律”。

附形部首“聿”也作“帇”，读niè，是表意字。金文2、小篆2从又持巾，又即手，本义为手巧。部中的字如“肄”本义为刷洗，“肅(肃)”以在深渊边拭物表示临事谨慎。

附形部首“肀”是“聿(帇)”的省体。

146 艮部

【古文字字形】 篆

【部中字举例】垦恳艱

gèn 表意字。小篆从匕从目，匕为比的本字，比目相视，表示两人怒目对视，互不相让，隶定为“艮”，本义为相乖违，不屑听从，假借为八卦之一，代表山。

作为部首，称艮部；也称根字边，因“根”字含有此部件，故名。

“艮”一般作音符构成形声字，如“茛、根、跟、哏、痕、很、狠、恨、垦、恳、裉、银、龈、垠、眼、限”。

147　羽部

【古文字字形】  甲  篆

【部中字举例】 羿翎翌翘翟翠翦翩翱翼翻

yǔ　象形字。甲骨文、小篆象鸟翅上的长羽毛形，隶定为“羽”，本义为鸟羽长毛，泛指鸟类羽毛，引申为鸟类翅膀、鸟类等。

作为部首，称羽部。

部中的字多与羽毛和鸟有关系，大致可分为两类：(1)鸟或鸟的翅膀等，如“翠(本义为翠鸟)、翼、翎”；(2)鸟飞的动作，如“翘、翻、翱、翩”。

“羽”也作音符构成形声字，如“诩、栩”。

148　糸(纟糹)部

【古文字字形】  甲1  甲2  金1  金2  篆

【部中字举例】 素索紧紫絮纠红约纫纬纯纲纷纺线练绅细织经结绞绡绢绩绯绳绶绸综绾绿缀缆缕编缝缟缨缯

mì 象形字。甲骨文、金文、小篆象一束丝形，隶定为“糸”，本义为细丝。

作为部首，像一束丝绞在一起的样子，在字的下边时称绞丝底。

附形部首“糹”是“糸”的变体，在字的左边，称绞丝旁。现简作“纟”，据草书楷化。

部中的字大致可分为五类：(1)丝、麻或绳索，如“线、经、纬、缕、绳、索、纫、纲、缆”；(2)丝织品、麻织品和衣物等，如“素、绢、绸、絮、缯、缟、绡、绶、绅、缨”；(3)丝、麻等的加工，如“纺、织、绩、练、综、纠”；(4)以绳、线等为工具从事的劳作，如“编、绾、缀、缝、结、绞、约”；(5)与丝、麻有关的性状、颜色等，如“纯、细、纷、红、紫、绯、绿”。

149 麦(麥)部

【古文字字形】  甲  金  篆

【部中字举例】 麸麹麩麴麵

mài 形声字。甲骨文、金文、小篆从夂，來声，隶定为“麥”，本义为到来。假借为麦类作物的统称。现简作“麦”，据草书楷化。

作为部首，称麦部。

部中的字多与粮食有关系，如“麸、麹(酿酒或做酱的发酵物，现简作‘曲’，用于姓氏人名时仍可作麹)、麵(面)”。

“麦”也作音符构成形声字，如“唛”。

150　走部

【古文字字形】  金  篆

【部中字举例】 赴赵赳赶起越趄趋超趔趑趣趟

zǒu　表意字。金文、小篆从止，止为脚趾，上象人奔跑时摆动两臂之形，隶定为“走”，本义为跑，引申为人或鸟兽走动。

作为部首，称走部。多在字的左下边，俗称走字旁。

部中的字多与行走的动作、姿态等有关系，如“赴、趋、赶、起、越、超、趔、趑、趄”。

“走”也作音符构成形声字，如“陡”。

151　赤部

【古文字字形】  甲  金  篆

【部中字举例】 郝赦赧赪赩赫赭赯

chì　表意字。甲骨文、金文、小篆从大从火，表示大火的颜色，隶定为“赤”，本义为火红色，引申为裸露、纯真、革命等。

作为部首，称赤部。

部中的字多与红色有关系，如“赪（红色）、赯（红色）、赩（大红色）、赫（火红的样子）、赭（红土）、赧（因惭愧而脸红）”。

“赤”也作音符构成形声字，如“哧、赦、郝”。

152　豆部

【古文字字形】  甲  金  篆

【部中字举例】 剅豇豉豌頭豐

dòu　象形字。甲骨文、金文、小篆象有高圈足的食器形，上象盖，中象腹，下象足和底座，隶定为“豆”，本义为古代的一种食器，假借为豆类作物的统称。

作为部首，称豆部。

部中的字多与食器或豆类作物有关系，如“豐（丰，象盛玉串于豆中之形，表示用丰厚的礼品奉祀神灵和祖先）、豇、豉、豌”。

“豆”也作音符构成形声字，如“逗、痘、剅、短”。

153　酉部

【古文字字形】  甲  金  篆

【部中字举例】 酊酌酝酗酢酥酩酪酱酿醇醉醅醐醍醒醫醴醺

yǒu　象形字。甲骨文、金文、小篆象盛酒的容器形，上象口和颈，下象有纹饰的腹部，隶定为“酉”，本义为盛酒容器，引申为酒，假借为地支的第十位。

作为部首，称酉部。

部中的字多与酒有关系，大致可分为三类：（1）各种酒的名称、像酒的饮料、调味品等，如“醴、醅、酥、酪、醍、醐、酢、酱”；（2）饮酒、酿酒的动作行为，如“酗、酌、酝、酿”；（3）酒的

味道、酒醉的状态、酒的使用等，如“醇、酪、酊、醺、醉、醒、酬、醫（医）”。

“酉”也作音符构成形声字，如“酒”。

154　辰部

【古文字字形】  甲1  甲2  金1 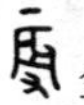 金2  篆

【部中字举例】 辱唇脣蜃農辳

chén　表意字。甲骨文1、金文1象大蛤形，甲骨文2、金文2加又（即手），表示缚大蛤于拇指上，用以除草或掐断禾穗；小篆字形稍变，隶定为“辰”，本义为一种农事劳作。因星相与农事关系密切，故引申为星名、时光、时刻等。假借为地支的第五位，用以纪年、月、日。

作为部首，称辰部。

部中的字多与蚌壳或农事劳作有关系，如“蜃、農（农）、辱（本义为除草，后作‘耨’）”。

“辰”也作音符构成形声字，如“晨、宸、唇、振、震、赈、娠”。

155　豕部

【古文字字形】 甲 金 古 篆

【部中字举例】 豢豨豬豮豭

shǐ　象形字。甲骨文、金文象大腹、垂着短尾的猪形，《说文》古文、小篆字形稍变，隶定为“豕”，本义为猪，也指野猪。

作为部首，称豕部。

部中的字多与猪有关系，如“豨、豭、豢(本义为设栏圈喂养猪、狗)”。

156　卤(鹵)部

【古文字字形】  金  篆

【部中字举例】 鹾鹹鹺

lǔ　象形字。金文象盛在容器中的盐粒形，小篆字形稍变，隶定为“鹵”，本义为盐粒，引申为盐卤(制盐时剩下的苦味汁液)、不生长谷物的盐碱地等。

作为部首，称卤部。

部中的字多与盐、咸味有关系，如“鹼(碱)、鹾、鹹(咸)”。

157　里部

【古文字字形】  金  篆

【部中字举例】 狸野

lǐ　表意字。金文、小篆从田从土，田为农田，土为土地，有田有土方可居住生活，隶定为“里”，本义表示人们聚居的地方，引申为故乡、长度单位等。

作为部首，称里部。

部中有的字与地域有关系，如“野”。

“里”可作音符构成形声字，如“理、狸、鲤、厘”。

158　足（⻊）部

【古文字字形】  甲  金  篆

【部中字举例】 距趾跋跌跚跑跛跨跳跪路跟踢踘踪蹄蹒蹈蹊躇

zú　象形字。甲骨文、金文、小篆上象膝盖或胫骨，下象脚掌，隶定为“足”，本义为人体下肢的总称，包括小腿和脚，引申为脚、器物下部的支撑部分。

作为部首，称足部。

附形部首“⻊”是“足”的变体，在字的左边，俗称足字旁。

部中的字多与脚有关系，大致可分为两类：(1)下肢器官、与脚有关的事物，如“趾、跟、距、蹄、踪、蹊、路”；(2)脚的动作及状态等，如“跋、跌、跑、跨、跪、跳、踢、蹈、跛、踘、躇、蹒、跚”。

“足”也作音符构成形声字，如“促、捉、龊”。

159　邑（⻏右）部

【古文字字形】  甲  金 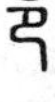 篆

【部中字举例】 邦那邳邶邻邹郊郑郢都郭鄙

yì　表意字。甲骨文、金文上从口（象居住的城市形），

下从卩（象跪跽臣服的人形），小篆字形稍变，隶定为“邑”，本义为城市和居民，也单指城市。

作为部首，称邑部。

附形部首“阝”是“邑”的变体，在字的右边，像人的耳朵，称双耳，俗称双耳刀或右耳刀。

部中的字多与城市、行政区划、地名、姓等有关系，如“郭、都、鄙、邻、郊、郢、邳、邶、邹、郑”。

160　身部

【古文字字形】甲 金 篆

【部中字举例】射躬躯躲躺

shēn　表意字。甲骨文、金文、小篆象人挺着大肚子之形，隶定为“身”，本义表示妇女怀孕（一说象形字，象人的身体形，本义为身体），引申为人或动物的躯体。

作为部首，称身部。

部中的字多与身体有关系，如“躯、躬、躺、躲”。

161　采部

【古文字字形】甲 金 篆

【部中字举例】悉釉番释釋

biàn　象形字。甲骨文、金文、小篆象兽足或兽爪留在地上的印迹形，隶定为“釆”，本义为兽足或兽爪的痕迹，引申

为辨别。

作为部首，称采部；有的在字的上边，称番字头。有的在字的左边，“释”是部中常用字，故俗称释字旁。

部中的字多与兽足、辨别有关系，如“番（本义为兽足）、悉（周到，详尽）、释（本义为分离，分解）”。

162　谷部

【古文字字形】  甲  金  篆

【部中字举例】 郤欲鹆谿豁

gǔ　象形字。甲骨文、金文、小篆下象谷口（山谷出口），上象有水从谷口流出之形，隶定为“谷”，本义为两山之间的水流，引申为山谷（两山之间的流水道或洼地）。

“谷”又是“穀”的简化字，本义为庄稼和粮食作物的总称，引申为谷子（一种草本植物，是主要作物）。

作为部首，称谷部。

部中的字多与山谷有关系，如“豁（开阔、畅通的山谷）、谿（山间低凹狭长的地带）”。

“谷”也作音符构成形声字，如“俗、浴、欲、裕、峪、鹆”。

163　豸部

【古文字字形】  甲  金  篆

【部中字举例】 豺豹貂貅貉貌貓貘貔貛

zhì　象形字。甲骨文、金文、小篆象大口长脊的兽形，隶定为“豸”，本义为一种长脊兽，假借为没有脚的虫，泛指虫类。

作为部首，称豸部；又因“豹”是部中常用字，故称豹字旁。

部中的字多为兽类名，如“豺、豹、貂、貉、貓(猫)、貛(獾)”。

164　龟(龜)部

【古文字字形】  甲  金  古  篆

【部中字举例】 䶰 𪛁 𪚮

guī　象形字。甲骨文、金文、《说文》古文、小篆象龟的俯视或侧视形，隶定为“龜”，今作“龜”，本义为一种爬行动物。现简作“龟”，据草书楷化。

作为部首，称龟部。

部中的字多与龟类动物有关系，如“䶰、𪛁、𪚮”。

“龟”也作音符构成形声字，如“阄”。

165　角部

【古文字字形】  甲  金  篆

【部中字举例】 斛觖觥触解觫觯觸

jiǎo　象形字。甲骨文、金文、小篆象兽角形，隶定为

“角”，本义为兽角，引申为样子像角的事物。

作为部首，称角部。

部中的字有的与兽角有关系，如“觥(兽角做的酒器)、解(本义为用刀分割牛角或牛体)、触(本义为牛角相抵触)”。

“角”也作音符构成形声字，如“桷、斛、确”。

166　言(讠)部

【古文字字形】  甲  金1  金2  篆

【部中字举例】 訾誊誉誓计许诈词诗诘诚诛诬语误说诺读谅谈谏谐谗谚谜谢谣谤谦谨谬

yán　表意字。甲骨文、金文1象舌自口中伸出之形，金文2、小篆字形稍变，隶定为“言”，本义表示说话，引申为说出来的话。

作为部首，称言部。

附形部首“讠”是“言”的变体，在字的左边，称言旁，俗称言字旁。

部中的字多与言语有关系，大致可分为三类：(1)各种言语行为，如“说、谈、读、许、诺、诛、诘、谏、谤、谗、诬、谢”；(2)与言语有关的名物，如“语、诗、词、谣、谚、谜”；(3)与言语有关的品德等，如“诚、谅、诈、谦、谨、谐、谬、误”。

“言”也作音符构成形声字，如“唁”。

167　辛部

【古文字字形】 甲1 甲2 金1 金2 篆

【部中字举例】 辜辟辣辨辩辫辭辧

xīn　象形字。甲骨文、金文象平头的刀，小篆字形稍变，隶定为“辛”，本义为古代一种刑具，假借为辣（带有像姜、蒜等的刺激性的味道）、劳苦、天干的第八位等。

作为部首，称辛部。

部中的字多与刑罚、争讼等有关系，如“辜（本义为犯罪）、辟（本义为刑法）、辩（本义为判定是非、曲直）、辨、辭（辞）”。

“辛”也作音符构成形声字，如“锌、莘”。

168　青部

【古文字字形】 金1 金2 篆

【部中字举例】 靓鹊静靘靛

qīng　形声字。金文1从生，井声，金文2、小篆音符讹为丹，隶定为“青”，本义为草青色，引申为蓝色或深绿色、黑色、草木茂盛的样子等。

作为部首，称青部。

部中的字多与颜色有关系，如“靛、靘”。

“青”也作音符构成形声字，如“清、氰、蜻、晴、请、睛、精、靖、静、靓、倩”。

169　倝部

【古文字字形】  篆

【部中字举例】 乾韩戟朝斡翰韓

“倝”无读音，是不独立成字的构字部件。来源于“倝”，读 gàn，小篆从旦，㫃声，义为旭日初升，光芒闪耀。

作为部首，称朝字旁，因“朝”是部中常用字，故名。

部中的字大多是以“倝”为音符构成的形声字，如“乾（从乙，倝声）、斡（从斗，倝声）、翰（从羽，倝声）、韓（从韋，倝省声，简作‘韩’）”。

170　雨（⻗）部

【古文字字形】  甲  金  古  篆

【部中字举例】 雪雲雳雷雾雹震霄霉霜霞露霹霾

yǔ　象形字。甲骨文、金文、《说文》古文象雨点自天而降之形，小篆字形稍变，隶定为“雨”，本义为云层中降向地面的水滴。

作为部首，称雨部。

附形部首“⻗”是“雨”变体，用在字的上边。

部中的字多与云、雨、天象等有关系，如“雲（云）、雾、霞、

雪、霜、露、霾、雷、霹、雳”。

171　非部

【古文字字形】甲 金1 金2 篆

【部中字举例】剕棐辈斐悲裴翡靠

fēi　表意字。甲骨文、金文1象二人相背之形，金文2、小篆字形有讹变，隶定为“非”，本义表示违背。与正确相违背就是错误，故引申为错误的。

作为部首，称非部。

“非”一般作音符构成形声字，如“菲、匪、斐、悲”。

172　齿(齒)部

【古文字字形】甲 金 古 篆

【部中字举例】龁龄龅龇龈龊龋龌

chǐ　甲骨文、《说文》古文为象形字，象口内有牙齿之形，金文、小篆加音符止，变为形声，隶定为“齒”，本义为人的牙齿，引申为年龄。现依据俗字简作“齿”。

作为部首，称齿部。

部中的字多与牙齿名、牙齿的动作有关系，如“龋、龈、龁、龇、龄(从牙齿的生长情况可以判断年龄)”。

173　黾(黽)部

【古文字字形】  甲  金 1  金 2

 籀  篆

【部中字举例】 鼋鼍鼂鼈

měng　象形字。甲骨文、金文 1 象蛙形，金文 2、《说文》籀文、小篆字形稍变，隶定为“黽”，本义为蛙的一种。现简作“黾”，据草书楷化。

又读 mǐn，义为勤勉、努力。

作为部首，称黾部。

部中的字多与生活在水中的爬行动物名有关系，如“鼋、鼈(鳖)、鼍”。

“黾”又作音符构成形声字，如“渑、绳、蝇”。

174　隹部

【古文字字形】  甲  金  篆

【部中字举例】 隼隽售雄集焦雏雕瞿雠雞

zhuī　象形字。甲骨文、金文、小篆象尾巴较短的鸟形，隶定为“隹”，本义为短尾巴鸟，泛指鸟类。

作为部首，称隹部。多在字的左右，俗称隹字旁(边)。

部中的字多与鸟类有关系，如“隼、雕、雞(鸡)、雄、雏、集”。

“隹”也作音符构成形声字，如“锥、堆、推、唯、惟、维、帷”。

175　阜(阝左)部

【古文字字形】甲 篆

【部中字举例】阢阳阪阶阴防陆阿陂降陛陟陨除险院陵陷隅隆隔隘

fù　象形字。甲骨文、小篆象竖式穴居侧壁上挖的脚窝形，用于出入时登降，隶定为“阜”，本义不见用，引申为土山、高大等。

作为部首，称阜部。

附形部首“阝”是“阜”的变体，在字的左边，像人的耳朵，称双耳，俗称双耳刀或左耳刀。

部中的字大致可分为两类：(1)土山、丘陵、建筑物，如“阿、阢、陆(高而平的地方)、陵、陂、阪、隅、隘、防、陛(宫殿的台阶)、除(台阶)、阶、院”；(2)与土山、丘陵有关的登降动作、高低性状，如“陟(由低处往高处走)、降(由高处往低处走)、陷、陨、隆、隔、险、阴(山北水南无阳光的一面)、阳(山南水北向阳的一面)”。

176　金(釒 钅)部

【古文字字形】金1 金2 古 篆

【部中字举例】鉴銮鎏鐾鑫钇针钉钋钔钦钲钳钵钹
钺铁铎铙铜铯铲银锄锅锡锦锧镐镣

jīn 形声字。金文1左边象两块铜饼或铜料，右边下从土，表示金属矿物生于土，上从今声，金文2、《说文》古文、小篆字形稍变，左边的意符移到土的空白处，隶定为“金”，本义为青铜原料或铜坯，引申为各种金属、黄金等。

作为部首，称金部。

附形部首“钅”是“釒(金)”的简体，在字的左边，称金旁，俗称金字旁。

部中的字多与金属有关系，大致可分为四类：(1)金属名，如“铁、银、铜、锡”；(2)生产工具、生活用品等，如“锄、镰、镐、铲、钳、针、钉、锅、钵”；(3)兵器、刑具等，如“钺、镣、锧”；(4)乐器，如“钲、钹、铙、铎”。

“金”也作音符构成形声字，如“锦、钦、淦”。

177 鱼(魚)部

【古文字字形】甲 金 篆

【部中字举例】鲁鲍鲜鲤鲨鲸鳃鳅鳔鳖鳞

yú 象形字。甲骨文、金文、小篆象鱼形，隶定为“魚”，本义为生活在水中的脊椎动物。现简作“鱼”，据草书楷化。

作为部首，称鱼部。多在字的左边，俗称鱼字旁；有的在字的下边，俗称鱼字底。

部中的字多与鱼类或水中动物有关系，如“鲤、鲫、鲸、鲨、鳖、鳃、鳞、鳔”。

“鱼”也作音符构成形声字，如“渔”。

178　隶部

【古文字字形】金 篆

【部中字举例】隸隷隸

“隶”是表意字。金文、小篆从又，象用手捉着一条尾巴之形，本义读 dài，表示从后边逮住野兽，后作“逮”。又读 lì，是“隸”的简化字，本义为奴隶。

作为部首，称隶(lì)部。

“隶”可作音符构成形声字，如“棣、逮、埭”。

179　革部

【古文字字形】金1 金2 古 篆

【部中字举例】勒靰靴靳靶靼鞎鞋鞍鞑鞭

gé　象形字。金文、《说文》古文、小篆象剥下后张挂在木架上的兽皮形，隶定为“革”，本义为加工过的去毛的兽皮，引申为变革。

作为部首，称革部。多在字的左边，俗称革字旁。

部中的字多与皮革、皮革制品及性状有关系，如“靴、鞋、靼、鞎、鞍、鞭”。

“革”也作音符构成形声字，如“愅、缂”。

180　面部

【古文字字形】  甲  篆

【部中字举例】 勔靦

miàn　象形字。甲骨文、小篆从目（眼睛），外象脸的轮廓，本义为人的脸部。

“面”又是“麵”的简化字，本义为面粉，引申为粉末、面条等。

作为部首，称面部。

“面”可作音符构成形声字，如“缅、腼、湎”。

181　韭部

【古文字字形】  篆

【部中字举例】 韰䪥

jiǔ　象形字。小篆象韭菜生于地上之形，本义为韭菜，一种草本植物。

作为部首，称韭部。

部中的字多与韭类草本植物名有关系，如“䪥（小蒜）”。

182　骨部

【古文字字形】  篆

【部中字举例】 骷鹘骼骸髅髋髌

gǔ　表意字。小篆从冎(guǎ)从肉，冎象骨架形，隶定为“骨”，本义为骨头，引申为身体。

作为部首，称骨部。

部中的字多与骨骼、身体部位等有关系，如“骼、骸、骷、髅、髌、髋”。

“骨”也作音符构成形声字，如“滑、猾、鹘”。

183　香部

【古文字字形】  甲  篆

【部中字举例】 馝馞馧馥馨

xiāng　表意字。甲骨文从黍从口，小篆把口改为甘，甘指甘美，隶定为“香”，黍省为禾，甘讹为日。本义表示黍类植物或粮食的香气，引申为芳香、香料或有香味的制品等。

作为部首，称香部。

部中的字多与香气有关系，如“馝、馞、馧、馥、馨”。

184　鬼部

【古文字字形】  甲  金  篆

【部中字举例】 魂魁魅魃魆魉魍

guǐ　象形字。甲骨文、金文象头部特大而怪异的人形，小篆字形稍变，隶定为“鬼”，本义为古代一种狰狞可怕的面具，引申为人死后留存的灵魂(迷信)。

作为部首，称鬼部。

部中的字多与鬼怪有关系，如“魂、魅、魍、魉”。

“鬼”也作音符构成形声字，如“瑰、魁、愧、嵬”。

185　食(飠 饣)部

【古文字字形】  甲  金  篆

【部中字举例】 餐餮饕饥饨饪饭饰饱饲饵饷饼馄馅馋馍

shí　表意字。甲骨文、金文象食物在器中之形，小篆字形稍变，隶定为“食”，本义为吃的饭食、供食用的或可食用的(东西)，引申为食用(吃)。

作为部首，称食部。

附形部首“飠”是“食”的变体，简作“饣”，在字的左边，称食旁，俗称食字旁。

部中的字多与食物或饮食有关系，可大致分为两类：(1)食物名，如“饭、饼、馍、饵、馅、馄、饨”；(2)与食物有关的动作或性状，如“餐、饲、饷、饪、馋、饱、饥”。

“食”也作音符构成形声字，如“饰、蚀、饬”。

186　音部

【古文字字形】  金  篆

【部中字举例】 歆韵意韶韻響

yīn 表意字。金文、小篆从言，在口内加短横表示声音出于口，隶定为“音”，本义为乐音，泛指声音。

作为部首，称音部。

部中的字多与声音、乐音有关系，如“響(响)、韵、韶(乐曲名)”。

“音”也作音符构成形声字，如“喑、愔、歆、暗、窨”。

187 首部

【古文字字形】  甲1  甲2  金1  金2  篆

【部中字举例】 馗馘

shǒu 象形字。甲骨文、金文、小篆象长有头发的人头形，隶定为“首”，本义为人头，引申为首领、开端、第一等。

作为部首，称首部。

部中有的字与人头有关系，如“馘”(本义为古代作战时割下被杀敌人的左耳，用以计功)。

188 髟部

【古文字字形】  篆

【部中字举例】 髡髦髯髻髭鬃鬓鬟

biāo 表意字。小篆从長(长)从彡，彡即毛发或胡须，隶定为“髟”，本义为长发下垂的样子。

作为部首，称髟部。

部中的字多与长发、须毛有关系，如“髡(古代剃去头发的刑罚)、髦、髭、鬓、鬟、鬃”。

189　鬲部

【古文字字形】  甲  金  篆

【部中字举例】 鹝融翮鬶鬷鬻

lì　象形字。甲骨文、金文、小篆象一种足部中空的炊器形，隶定为“鬲”，本义为古代的一种炊器。

作为部首，称鬲部；也称隔字边，因“隔”字含有此部件，故名。

部中的字多与炊器、饮食等有关系，如“鬷(古代蒸煮食物的炊具)、鬶(古代炊具)、鬻(同‘粥’，又义为煮)”。

“鬲”也作音符构成形声字，如“隔、塥、嗝、膈、镉、翮”。

190　鬥部

【古文字字形】  甲  篆

【部中字举例】 鬧鬨鬩鬭鬮

dòu　表意字。甲骨文象两个人面对面徒手相搏斗之形，小篆字形有讹变，隶定为“鬥”，本义为争斗，引申为战斗。现简作“斗”，用近音字代替。

作为部首，称鬥部。

部中的字多与争斗有关系，如“鬧(闹)、鬨(哄)、鬩(阋)、鬮(阄)”。

191　高部

【古文字字形】  甲  金  篆

【部中字举例】 鄗敲膏

gāo　表意字。甲骨文、金文、小篆象建筑物高耸之形，隶定为“高”，本义表示从下到上距离大，引申为高度(从下而上的距离)、高处等。

作为部首，称高部。

“高”一般作音符构成形声字，如“搞、稿、镐、篙、敲、膏、鄗”。

192　黄部

【古文字字形】  甲1  甲2  金  篆

【部中字举例】 黇黉黌

huáng　表意字。甲骨文象人胸前佩玉之形，金文、小篆字形有讹变，隶定为“黃”，今作“黄”，本义为人佩玉环，引申为佩环，后作“璜”。假借为黄颜色。

作为部首，称黄部。

部中有的字与黄颜色有关系，如“黇”(本义为浅黄色)。

“黄”也作音符构成形声字，如“璜、簧、黉、横”。

193　麻部

【古文字字形】  金  篆

【部中字举例】 麽摩磨糜縻靡魔

má　表意字。金文从厂（hǎn），从林（pài），厂指房屋，林指剥取麻秆上的皮纤维，小篆改从广（yǎn），广也指房屋，隶定为“麻”，本义为麻的纤维，引申为麻类植物的统称。

作为部首，称麻部。

“麻”多作音符构成形声字，如“嘛、麽、磨、糜、縻、靡、魔”。

194　鹿部

【古文字字形】  甲  金  篆

【部中字举例】 麀麂麈塵麋麒麐麝麟

lù　象形字。甲骨文、金文、小篆象头上长角的鹿形，隶定为“鹿”，本义为一种哺乳动物。

作为部首，称鹿部。

部中的字多与鹿或鹿类动物有关系，如“麀、麂、麋、麝、麒、麟”。

“鹿”也作音符构成形声字，如“麓、辘、漉”。

195　鼎部

【古文字字形】 甲 金 篆

【部中字举例】 鼐鼒

dǐng　象形字。甲骨文、金文、小篆象鼎形，隶定为“鼎”，本义为古代一种用来烹煮食物的器具。

作为部首，称鼎部。

部中的字多与器物鼎有关系，如“鼐（大鼎）、鼒（大肚小口的鼎）”。

196　黑部

【古文字字形】 甲 金1 金2 篆

【部中字举例】 墨默黔點黜黝黢黨黥黯

hēi　表意字。甲骨文象正面人形，头部有竖画，金文加有装饰性点画，小篆字形有讹变，隶定为“黑”，本义表示墨刑，古代的一种刑罚，在罪犯脸或额上刺字并涂墨，后作“墨”。引申为黑色。

作为部首，称黑部。

部中的字多与黑色或污点有关系，如“墨、黯、黛、黔、黝、黢、黧、黥”。

“黑”也作音符构成形声字，如“嘿、默”。

197　黍部

【古文字字形】  甲1  甲2  金  篆

【部中字举例】 黏黐

shǔ　象形字。甲骨文1象有茎、穗、根的黍形，甲骨文2、金文、小篆加水，表示黍可以酿酒，隶定为“黍”，本义为黍子，一种草本植物，籽实去皮后叫黄米，有黏性，是主要粮食作物，古人常用来酿酒。

作为部首，称黍部。

部中的字多与黏性有关系，如“黏”。

“黍”也作音符构成形声字，如“漆”。

198　鼓部

【古文字字形】  甲  金  篆1  篆2

【部中字举例】 瞽鼕鼗鼙鼞

gǔ　表意字。甲骨文、金文、小篆1从攴从壴(zhù)，壴即鼓，象手执鼓槌击鼓之形，小篆2字形稍变，攴改为支，隶定为“鼓”或“皷”，本义表示击鼓，引申为一种打击乐器。

作为部首，称鼓部。

部中的字多与乐器鼓有关系，如“鼗(长柄的摇鼓)、鼙(古代军中小鼓)、鼕(今简作‘冬’，击鼓声)、鼞(击鼓声)”。

“鼓”也作音符构成形声字，如“瞽”。

199　鼠部

【古文字字形】  篆

【部中字举例】 鼢鼫鼬鼩鼯鼱鼹

shǔ　象形字。小篆象鼠形，隶定为“鼠”，本义为一种哺乳动物。

作为部首，称鼠部。

部中的字多与鼠类动物有关系，如“鼢、鼬、鼯、鼹”。

200　鼻部

【古文字字形】  甲　 篆

【部中字举例】 劓齀鼾齁齇齉

bí　形声字。从自（“鼻”的本字），畀（bì）声，本义为鼻子。

作为部首，称鼻部。

部中的字多与鼻子有关系，如“劓（古代割掉鼻子的酷刑）、齀（因感冒等引起的鼻子堵塞不通，也指鼻流清涕）、鼾（打呼噜，熟睡时的鼻息声）、齁（喘息声）、齇（鼻子上长的小红斑）、齉（鼻子不通气，发音不清）”。

“鼻”也作音符构成形声字，如“濞”。

201 龠部

【古文字字形】  甲1  甲2  金1

 金2  篆

【部中字举例】 龢龤

yuè 象形字。甲骨文1、金文1象用并排竹管编制成的乐器形，甲骨文2、金文2、小篆上加口形，表示可吹奏，隶定为“龠”，本义为古代一种吹奏的管乐器，后作“籥”。

作为部首，称龠部。

部中的字多与乐器、乐音有关系，如“龡(同‘吹’)、龢(本义为乐声和谐)”。

“龠”也作音符构成形声字，如“瀹、籥”。

【附录】

历代字书(字词典)部首数量表

书　名	部首数量	年代	作　者	出版者
说文解字	540	东汉	许　慎	
字　林	540	晋	吕　忱	
玉　篇	542	南朝·梁	顾野王	
类　篇	544	北宋	司马光	
龙龛手鉴	242	辽	行　均	
四声篇海	579	金	韩孝彦	
字　汇	214	明	梅膺祚	
正字通	214	明	张自烈	
康熙字典	214	清	张玉书等	
中华大字典	214	1915 年	陆费逵、欧阳溥存等	中华书局
汉语大词典	200	1986 年	汉语大词典编辑委员会 汉语大词典编纂处	上海辞书出版社
王力古汉语字典	214	2000 年	王力等	中华书局
新华多功能字典	201	2005 年	商务印书馆 辞书研究中心	商务印书馆
辞海(第六版彩图本)	201	2009 年	辞海编辑委员会	上海辞书出版社

续表

书　名	部首数量	年代	作　者	出版者
辞源(修订本重排版)	214	2010年	广东、广西、湖北、河南辞源修订组 商务印书馆编辑部	商务印书馆
汉语大字典(第二版)	200	2010年	汉语大字典编辑委员会	崇文书局 四川辞书出版社
新华字典(第11版)	201	2011年	中国社会科学院语言研究所修订	商务印书馆
现代汉语词典(第6版)	201	2012年	中国社会科学院语言研究所词典编辑室	商务印书馆

参考文献

[1] 黄伟嘉，敖群，2008.汉字部首例解[M].北京：商务印书馆.

[2] 马国权，1979.汉字部首略论[J].中山大学学报 19(2)：105—110.

[3] 苏宝荣，1995.汉字部首排检法规范化试探[J].辞书研究 5：70—79.

[4] 魏励，2014.国标 7 万字部首序的编排设计[J].辞书研究 2：17—20.

[5] 魏励，1984.汉字部首排检法的改革[J].辽宁大学学报 1：80—84.

[6] 薛晓光，2012.商务馆小学生汉字部首图解字典[M].北京：商务印书馆.

[7] 中华人民共和国教育部，国家语言文字工作委员会，2009.语言文字规范：GB 13000.1 字符集汉字部首归部规范：GF 0012—2009[S].北京：语文出版社.

[8] 中华人民共和国教育部，国家语言文字工作委员会，2009.语言文字规范：汉字部首表：GF 0011—2009[S].北京：语文出版社.

[9] 中华人民共和国信息产业部，中国电子技术标准化研究所.中华人民共和国国家标准：信息技术中文编码字符集 GB 18030—2005 部首序和笔顺序 报批稿 2 期[R].

[10] 左民安，王尽忠，2005.细说汉字部首[M].北京：九州出版社.